女性受刑者と
わが子をつなぐ

絵本の読みあい

編著　村中李衣

著　中島学

もくじ

女性受刑者とわが子をつなぐ
絵本の読みあい

3. 家族・社会につなぐ海外の試み
──感情が響きあう場づくり **97**

仲間といっしょに自分を育てる

　絵本が子どもや限られた人だけのものだった時代が終わり、「絵本は心のビタミン剤」とか「絵本は傷ついた心によく効く」というようなキャッチフレーズをあちこちで耳にするようになりました。なるほどと思う反面、少し怯んでもいます。絵本で人が変わるのではなく、本の中に潜む物語が、自身の内側に潜む物語と出会ったときに生まれるうごめきを受けとめるのは、やはり人。絵本の力だけではできないと、私は思うのです。

　今回、長いこと続けてきた美祢社会復帰促進センター（いわゆる刑務所。日本で初めての官民協働運営の刑事施設）での絵本を介した矯正プログラムとその実践をまとめることにしたのも、「絵本は矯正の場でも使えますよ」と絵本の効用をアピールするためではありません。罪を犯し施設に収容されてしまった母親たちが、わが子に対する申し訳なさ、犯罪に手を染めてしまった自分自身への嫌悪、絶望や孤独といった感情に押しつぶされそうになりながら、その気持ちを素直に声にして発する機会をこんなにも求めていることを広く伝えたいと考えたからです。
　そして、その機会は、わかりやすい絵と言葉でこの世界の愛し方を見せてくれる絵本を読みあっているときなら、誰にも平等に与えられる。しかも独りでなく、誰かといっしょに歩みながら与えられる、ということを知ってもらいたいと思いました。

　受刑者の多くが、活字に苦手感をもっています。でも絵本なら、「子どものために読んであげる」という意識の切り替えができ、抵抗感が少なくてすみます。そして、くり返し同じ絵本を声に出して読むうちに、ふと、それまでさらりと読み飛ばしていた何気ない表現が目に留まり、(今の自分の読み方はなにか違う気がする)と思い始めます。そうなると、(どう読めばいいんだろう？)と気になってきて、正しい読み方を指導者に教えてもらおうとします。

　しかし、矯正の現場で絵本を仲立ちとした「絆プログラム」を通じて学ぶのは、「読み聞かせ」でなく「読みあい」です。どう読めばいいか自分で考えることこそが、大切なわが子と自分を結ぶ手がかりであり、ただスラスラと読めばいいのでも、正解があるわけでもないのです。そのことに気づき、自分で答えを見つけようとすると、これまで見ないふりをしてきた自分自身の心の在りようを見つめ直すことを避けては通れなくなります。

　幼少期から、自分のことを守ってくれなかった家族や社会を拒絶せず、他者を思いやる気持ちをもとうとしなければ、絵本に描かれているこの世界の愛し方などただの絵空事となり、聴いているわが子に届くはずがありません。

　でも、悪いことばっかりしてきたどうしようもない自分に、そんな気持ちが本当にもてるのか？　そんなまっすぐな気持ちがまだ自分に残っているのか？　葛藤する姿は、同じような境遇をたどってきたプログラム参加メンバーたちの心に響かないわけがありません。

　ですから、メンバーの誰かが読みあいの途中で自分への問いかけを始めると、全員が、まるで自分の課題でもあるかのように、彼女が答えを見つけ出す

まで見守るようになっていきます。そして、なんとか応援したいと思うようになります。たとえば、メンバーの声のちょっとした変化を見逃さず「あ、さっきまでとなんか違ってきた感じがするよ！」というふうに、臆せず伝えあうようになるのです。

　それまで「誰かのために」など、ただのきれいごとで自分からはほど遠いところにあると思っていた人たちが、わが子を想う気持ちを杖に、こわごわ自分の心の内側をのぞき込み、同じ痛みと孤独を抱える仲間がすぐそばにいることを知り、その仲間といっしょに、絵本を読みあいながら歩みをすすめていく——そのくり返しの中で自分が育っていく。

　本書は、その学び、学びあいの記録です。

- ● 美祢社会復帰促進センターでは、受刑者のことを「訓練生」もしくは「センター生」と呼びます。自分の人生を自分で歩む力をつけるための「訓練の場」だととらえる姿勢がここにはあるのですが、本書では読者の読みの混乱を避けるために「受刑者」という言葉を用いています。
- ● 本文中の事例については、プライバシー保護への配慮と職務上の守秘義務の要請から、仮名を用いたり内容を再構成したりしておりますことをお断りいたします。また、受刑者のワーキングシートに記入された文章は、読みやすさへの配慮から、編集過程にて表記の整理をしております。

2021年　緑美しい季節に

村中李衣

1. 読みあいを矯正の場に生かす

—— 絆プログラムの概要

絵本の効用なんて、文学にそぐわない？

　絵本は、簡単に誰でも入手でき、持ち運びも簡単で、気軽にふれることができます。しかもたいていの場合、色彩豊かな絵がページを開くたびに迎え入れてくれるので、最近はさまざまな分野で絵本を用いた活動が試されるようになってきています。

　でも、40年くらい前までの日本では、違いました。絵本を何かの目的で使うなどけしからん、絵本は文学のひとつのかたちとして、そのままに受けとめるべきだという考えが、文学者たちのあいだにありました。そのため、大学院を修了したばかりの私が、就職先の大学病院で不安を抱える長期入院児の心理的ケアに絵本を用いようとしたときも、データ化して絵本の効用をはかるというやり方は文学に最もそぐわないと、児童文学関係の先生方から批判を受けました。

　けれど、当時の私は若く怖いもの知らずでした。
「私はあなたたちが警戒しているような統計的手法だけで絵本の効果を検証しようと思ってるんじゃありません！　ひとりずつ１冊ずつとていねいに向きあうんです」と、心の中で言い返し、そのまま突き進みました。

はじまりは、読書療法との出会い

　さまざまな生きづらさを抱えた人と絵本を読みあうという試みのベースには、大神貞男氏の少年更生施設における読書療法の実践研究がありました。

　読書療法の歴史は意外にも古く、古代アラビアのアッバース朝時代、カイロの病院における実践にまでさかのぼるのですが、日本でその理論が紹介されたのは、1950年阪本一郎氏の『読書指導——原理と方法』（牧書店）[1]が初めてです。その後、大神氏は阪本氏の意を受け、1969年に読書療法研究会を立ち上げ、1973年には10数年にわたる教護院での症例研究を『読書療法——その基礎と実際』（文教書院）[2]にまとめるなど、教育や臨床領域への読書療法の普及に努めました。

　読書療法の核は、治療目的に沿った指導者と対象者との精神交流による読書指導の流れにあるとされます。しかし、大神氏自身が述べているように、読書療法の実践例はきわめて少なく、「アイディア的な抽象的思考の世界」に長く留まっていました。大神氏の実践以降、この流れに沿って現場での実践研究が報告されることもほとんどありませんでした。

　大学院生時代に野間教育研究所に出入りさせてもらう中でそのことを知った私は、大学病院の病院管理学教室に就職したことを機に、それなら阪本・大神両氏の後に続きたいと、長期入院児の心理的ケアとして、読書療法の実践研究を目指したのです。

　大神氏は、問題行動を抱える少年たちに向けた読書療法を念頭に「治療的図書目録」なるものを作成しています。そして、この目録に沿った読書行為を少年たちに促し、そこから彼らの感情表現や自己洞察を推し進めていきました。選定された図書は「自ら読む」ことが前提で、①父性愛に関するもの、②母性愛に関するもの、③交友関係に関するもの、④学習に関するもの、⑤純潔教育に関するもの、の5ジャンルに分かれており、名作全集の中の1冊であったり、偉人伝であったりすることが多かったようです。

　この選書は、いざ自分が小児病棟で、〈病院のお姉さん〉として子どもたちと信頼関係を紡いでいこうとすると堅苦しいように感じました。また、本を手渡して読んでもらうということは、身体的な制約の多い入院児にとって

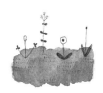

「やらねばならない」こととして心の負担になることも危ぶまれました。そこで、指導者から対象者への「読書による治療」という考え方を改め、関わりをもつ者同士がいっしょに物語世界に心遊ばせ、感じたことや考えたことを分かちあうコミュニケーション重視へゆっくり舵を切り直していくことにしました。

　とは言うものの、立場を異にする者同士、どんなメディアを用いるのがいちばんふさわしいのか、わかりません。対象者の年齢や性別、病歴、育った環境によっても何がいいのかは変わるはずです。そこで、詩や写真集、ショートショート、紙芝居、名言集、絵画集などいろいろなものを試してみました。読むことだけでなく、いっしょに絵を描いたり、いっしょに写真を撮って編集したりもしました。その経験の中で、どの対象者も身がまえることなく自然に受け入れてくれたのが、絵本でした。

　また、私自身が絵本の創作に関わっており、「今、こんな絵本の勉強をしているんだけど、おもしろいかどうか、いっしょに読んでみてくれないかなぁ〜」というふうに無理のない導入ができる利点もあったため、いつのまにか、重要なコミュニケーションツールとして絵本に頼るようになっていきました。

🪨 読み聞かせではなく「読みあい」に託すもの

　日本において絵本を誰かのために声に出して読むという行為には、児童図書サービスの一方法として「読み聞かせ」という用語が一般的に用いられてきました。けれど、私が行おうとしていたのは物語世界の共有と、相互に心を通いあわせることにあったため、「読み聞かせ」という言葉はどうもそぐわない気がしました。しかも、その本に書かれている内容をなるべく正確に読者に届けることを目指すわけではないので、「絵本はこんなふうに読むべ

12

きだ」という読みの決まりごとはないほうがいいし、まず診断をして、問題
行動の原因を明らかにし、それを治療によって解決するという従来の読書療
法の流れももちません。ただただ、痛みや傷つきを抱えている人といっしょ
に絵本の物語世界に「声」を通して丸腰で入り込んでいき、そこで生まれた
さまざまな感情を分かちあっていく…これはもう、「読書療法」という言葉
にも「読み聞かせ」という言葉の中にも紛れ込むことはできないなと、覚悟
しました。

　考え方を一方向へ導いたり、望ましい人格への変貌を目指すことなく、物
語の力を借りながら、人と人として感情を響きあわせていきます。そしてそ
こで浮かび上がってきたものをなるべくそのままに受けとめます。受けとめ
てもらえているとわかれば、本人自身が自己洞察を始め、それを表現してい
くようになります。

　そんなわけで、声に出して読む人と聴く人との響きあいを大事にする心の
もち方と関わり方を指して、「読みあい」と呼ぶことにしました。意外にも
この「読みあい」による人々との関わりは、これまで関係を構築しづらいと
されてきた人たちとのコミュニケーションに、すっと風穴を開けてくれまし
た。小児病棟の子どもたちとだけでなく、高齢者施設や児童養護施設、シェ
ルターの子どもたち、ターミナルケアの場など、さまざまな場所や人との読
みあいを続けていくうちに、気づけば40年が経っていました。この間に出
会った読みあいの場面については、『子どもと絵本を読みあう』『お年寄りと
絵本を読みあう』『絵本の読みあいからみえてくるもの』の三部作[3]にまとめ
ています。

　こうした実践を重ねていく中で、「この絵本はこういう作品だ。ここがす
ばらしい」と批評家が言っても、そんな外からの言葉を無効にするような強
いひとりずつの現在この瞬間との絡みあいが生まれることを実感させられて
きました。

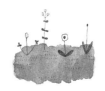

と同時に「この絵本は〜〜だから、〜〜なこの人にはこの絵本がお似合い
だろう」などと、オーダーメイドの絵本レシピを考えたつもりになっていて
も、実際に目の前でくり広げられる絵本と人との出会いには、思いもよらな
い深いものが立ち現れることを思い知らされました。いいことをしているつ
もりが、「この絵本を読むことでいくら金をもらってるんだ」「なぜあいつ
に、おれより値段の高い本を読むんだ？」などと問い詰められ、がく然とし
たり、画面の隅に描かれた小さな絵に激しい嫌悪を示されたり…。

　そうした思いがけなさの前で立ちすくみ、自分の思い上がりをはぎ取ら
れ、ただただ〈感情の人〉の傍らにいるとはどういうことかを学びました。
寄り添うとは、そこから始まるのだということも。

　そうしてようやく「絵本はそのままに」という「そのまま」は、作者の手
中にあるわけでも、文学者の解釈の中にあるものでも、実践者の中にあるも
のでもなく、絵本と人との出会いひとつずつの中にあるのだとわかってきま
した。かつて先輩文学者の方々に言われた苦い言葉のほんとうの意味は、こ
こにあったのかもしれません。

初めての官民協働刑務所からのお誘い

　山口県美祢市にある「社会復帰促進センター」から、懐かしい勝田浩章さ
んの声で電話がかかってきたのは 2010 年のこと。私はまだ山口の大学に勤
めていた時期で、「センター生のためのプログラムを考えているのだけれど、
力を貸してほしい。とにかく会って話がしたい」というのです。その頃の私
は、県内に新しいシステムを導入した刑務所ができたらしいということぐら
いしか知識がなく、〈社会復帰促進〉という言葉にも〈センター生〉という
言葉にもなじみがありませんでした。

　まもなく大学を訪ねてきた勝田さんは、狭い研究室で部屋の壁一面に並ん

でいる絵本を見上げ、「なつかしいなぁ」。勝田さんはその当時、小学館集英社プロダクションで矯正指導における改善指導プログラムの開発・実施を担当していましたが、以前は、地元の児童養護施設で先生（指導員）をしていました。私も同時期その施設に週２～３回訪れ、園の子どもたちと絵本の読みあいを行っていたのです。子どもたちのこわばった感情を解き放ち、ひとりずつの内側にある怒りや哀しみを、園の壁に備えた 500 冊近い絵本たちがゆっくり受けとめてくれる時間を共有した彼ならではの、ひと言でした。

　続けて彼は、早口にこう語りました。

「こういう絵本たちの中に込められているいろんな夢とか冒険を子どもたちに届けてやりたいという気持ちは、母親であるセンター生たちにもきっとあると思うんですよ。そういうワクワクする気持ちをもって家族との関係を見つめ直すことも、たとえばアルコールや薬物依存から抜け出すための自身の見つめ直しや、怒りの感情をコントロールするための手法を学ぶことと同じくらいセンター生の更生には必要だと思うんです」

　どうやら、ＤＶやネグレクトなど家庭のさまざまな事情で傷ついたり長期入院したりしている子どもたち、認知機能が衰えてきた高齢者やターミナルケアの必要な患者さんたちといっしょに行ってきた絵本の読みあいを受刑者の更生プログラムの一つとして活用できないかという相談らしいのです。

　2007 年 4 月に発足した美祢社会復帰促進センターは、民間資金を調達する PFI 手法を活用した日本で初めての官民協働の刑務所です。2011 年 10 月に、女子収容可能施設の増設が行われ、現在では、男性受刑者収容数 500 名に対し女性受刑者収容数 800 名という収容定員日本最大の刑務所です。

「え～と、でも、どうやって絵本を読むんですか？　どこでどんなふうに？」

　イメージがわかないでいる私に、「とにかく一度、センター生の訓練のようすを見に来てください」。

　勝田さんは相変わらずニコニコと告げたのでした。

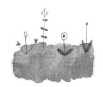

15

🌸 山口・美祢社会復帰促進センターを訪れて

　数週間後、美祢社会復帰促進センターを訪れた私は、その近代的な白い建物に、これが刑務所？と驚きました。エントランス前には、職員の子どもたちも通う保育園があり、愛らしい色とデザインの園庭遊具が日差しを集めています。

「ここでは、各種センサーやCCTVカメラ、電気錠なんかを駆使して受刑者の施設内の所在位置を把握してるんですよ。もちろん、ひとりずつの居室にも映画にあるような鉄格子なんかありませんし、窓は簡単には壊されない強化ガラスを使うことで安全性を保ちながらも、外がよく見えるようにして社会からの隔絶感がないように配慮しているんです。社会復帰のための意欲や希望を削がないようにするためにね」

　説明を聞きながら、女性受刑者たちがフィジカル・エクササイズを行っているという体育館に案内されました。そこでは、オレンジ色のジャージ上下を着た受刑者たちが、明るく軽快な音楽にのせて体を動かしていました。インストラクターと思われるポニーテールの女性が「はい、軽く足踏みして」「右腕をゆうっくり上に上げて」「はい、そのまま左側に体を曲げて」とマイクを通した声でハキハキと号令をかけていく。言われたとおりにみんな体を伸ばしたり回したりねじったり…。

　ところが、かかっていた曲の終盤になって、「はい、それじゃあ、首をやさしく両手でなでてあげて」というインストラクターの声に、受刑者の何人かの体の動きが止まりました。えっ？　どういうこと？とでもいうようなとまどいが彼らの中に流れたのを見てしまったのです。「じゃあ仕上げに、背中から腰にかけても、ゆうっくりやさし〜く、なでてあげてくださいねぇ」。

　また、何人かの動きが止まりました。照れているようでもあり、どうして

16

いいかわからないようでもある、あいまいな表情。どきりとしました。「手を上げて」「右を向いて」「足を曲げて」というような指示命令の言葉には反射的に動くことができるけれど、「〜してあげて」という言葉が自分の身体に対するねぎらいとして差し向けられたとき、彼らの中には動揺が走る場合もあるんだという驚き。いささか感傷的すぎる解釈かもしれませんが、犯罪も含め表面的には自己中心的な生き方を選んできてはいるものの、自分自身を大事にする生き方とは無縁の場所にいた人たちなのではないかと思ったのでした。

　読みあいは、声を通してこの世界の愛し方を他者にも自分にも伝える活動です。指示命令からしばし解き放たれ、メンバー同士で感じあい伝えあう読みあいの経験を重ねることで、隔てられたわが子と自分の関係を温める力が自分の中にあることを発見し、両者の絆を結び直すきっかけをつくってもらうことができればいいなと、深呼吸をしているオレンジ色のジャージの背中たちを見つめながら思ったのです。

　ここから、本気で更生プログラムの作成に取り組むことになりました。

　名づけて「絆プログラム」。

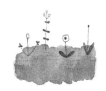

「絆プログラム」とは

「絆プログラム」とは、受講者自ら絵本を選び、その絵本を声に出して読み、それをCDに録音して家族や大切な人に届けるプログラムです。村中李衣と小学館集英社プロダクションが共同で開発しました。

　グループ内で自ら選んだ絵本を読みあい感想を述べ合うことでグループ内に心の交流が生まれ、自然とお互いを励まし合い肯定するうちに、「自分も頑張ろう」といった前向きな意欲が高まります。

　本プログラムは、英国の刑務所で実施されている"Storybook Dads"というプログラムをヒントに、2010年、刑事施設である美祢社会復帰促進センターで生まれました。"Storybook Dads"プログラムは、録音技術の習得という職業訓練を兼ねたプログラムですが、本プログラムは、録音を完成させる過程である、受刑者同士の絵本の読みあいに重きを置いています。

　人が他者に対する思いやりを持ち、愛を持って他者に接することの大切さを実感するためには、自分が深く受け入れられ、自己肯定感を高められる経験が不可欠です。特に刑事施設の入所者には、愛し愛される経験が乏しいため「家族や大事な人のために１冊の絵本を選び、その絵本を心をこめて読む」という取り組みやすい課題の中で自分の中に眠っているさまざまな感情を掘り起こしていくことが、有効です。「愛することに自分の声やことばを用いる」というプロセスを相互に分かち合っていく「読みあい」のプロセスは、各自の更生に向かう道筋を拓いてくれるものとなるでしょう。

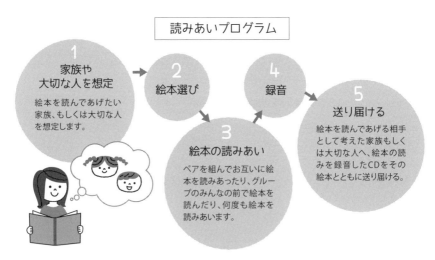

読みあいプログラム

1 家族や大切な人を想定
絵本を読んであげたい家族、もしくは大切な人を想定します。

2 絵本選び

3 絵本の読みあい
ペアを組んでお互いに絵本を読みあったり、グループのみんなの前で絵本を読んだり、何度も絵本を読みあいます。

4 録音

5 送り届ける
絵本を読んであげる相手として考えた家族もしくは大切な人へ、絵本の読みを録音したCDをその絵本とともに送り届ける。

　刑事施設にとどまらず、離れた家族・大切な人へ向けて絵本を読む、というシチュエーションであれば、どのような方にも適用可能なプログラムです。

「絆プログラム」の目的

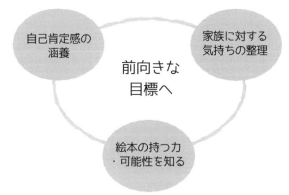

自己肯定感の涵養

家族に対する気持ちの整理

前向きな目標へ

絵本の持つ力・可能性を知る

1　自己肯定感の涵養
　絵本選択から録音までの過程を通して、自己肯定感を高め、他者との良好な関係性構築に向かう契機とさせる。

2　家族に対する自分の感情を再確認
　家族に対する自分の感情を整理し、親子あるいは家族の絆を回復させるべく前向きな目標を設定しながら、読みあいのスキルアップを図る。

3　絵本の持つ力を知る
　絵本が持つコミュニケーションの可能性を理解し、参加意欲を高める。

「絆プログラム」における著作権の取り扱いについて
　2009年の開発時に、法務省矯正局成人矯正課長が文化庁長官官房著作権課長に問い合わせ、「刑事施設の運営に関する業務を委託する場合の著作権法の適用について（回答）」を得ています。これにより、「絆プログラム」には、著作権法（35、36条第1項、38条第1・3・4項）が適用されることが確認されています。

「絆プログラム」教室内配置

特に指定はないが、下記図のような配置が望ましい。

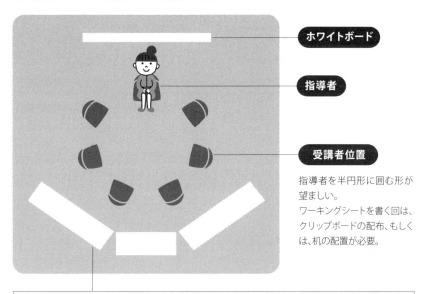

ホワイトボード

指導者

受講者位置

指導者を半円形に囲む形が
望ましい。
ワーキングシートを書く回は、
クリップボードの配布、もしく
は、机の配置が必要。

**絵本を
ディスプレイする際の
台配置イメージ**

絵本は、机などを使用して
ディスプレイする。
絵本が見やすく「どの絵本
を選ぼうかな」という気分
を高める配置であれば、ど
のような形でもOK。

▲ディスプレイ例　　指導者位置から教室を見た配置。

資料：株式会社 小学館集英社プロダクション
　　『絆プログラム〜絵本の読みあいを通じて、家族の絆を見つめ直す〜』より

🫘 絆プログラムの流れ

　プログラム参加者は、女性受刑者の中で希望を募り、なるべく同一ユニットに参加者が集中しないように選定します。直接家族を傷つけたり殺めたりした人には特別な配慮が求められるため、本プログラムへの参加からははずれます。6名で1グループとし、1単元90分の6回でカリキュラムが構成されます。全6回のカリキュラム内容は以下の通り。

単元1　オリエンテーション

① このプログラムでは、家族のために最終的に自分で選んだ1冊の絵本を自分の声で読み、録音して家族に届けることにあるという到達目標の説明をする。

② さまざまなタイプの絵本を紹介し、たった1冊の絵本との出会いで心のどこかが揺さぶられ、人生観までも変えることができた例などを紹介する。

③ 人に生の声で絵本を読んでもらう心地よさを感じてもらい、自分が声に出して絵本を読むということへの意欲を高める。

　このプログラムの参加メンバーは、自分が絵本を読んでその声をわが子に届けるのだということを知って応募しているのだが、実際には、自分が絵本を声に出して読むということに対してはあまり意識がなく、とにかく「子どものためになることをしたい」という一心で、参加を希望した人がほとんどだ。（多くの希望者の中から選ばれてラッキー！　でも、いったいどんなことするの？？　難しいことだったらいやだな。ちゃんと私にできるかな？？）という期待と不安が初回の彼らの表情にありありと浮かんでいる。

　ところが、いろいろな理論抜きにまず指導者に絵本を読んでもらうことで、自分が幼い子どもにもどったように素直な感情の揺れを経験し、初めて自分がこのプログラムでわが子にしてあげようとしているのはこういう気持ちをプレゼントすることなんだと、読みあいへの意識を高めることができる。

④　次回実際に読んでみようと思う絵本を、教室の後ろに展示した85冊の絵本[4]の中から探してもらう。ここで選んだ絵本が最終的に読みを録音する絵本になるとは限らない。

絆プログラム単元1で展示した絵本の一部

単元2　ペアで読みあいをやってみよう

①　単元1で選んだ絵本を実際にペアをつくって読みあう。

　これが、センター生にとって初めての読みあいとなる。読み方についてのアドバイスは、たずねられない限りせず、自由に読んでもらう。ただし、「自分の子どもは〜歳で、〜なことが好きなので、この絵本を選んでみました」というような簡単な情報を相手に告げてから読み始めることにしている。自分の子どもの年齢や性別を口にするだけで、彼らの顔にぽおっと赤みが差し、それを聞く相手も真剣にうなずいて受けとめている。

　「日頃自分のことは一切口にしないようにしてるけど、この授業の中でだけはそれが安心してしゃべれた。この教室からは決してもち出さない話だとみんなわかってるから」と、プログラムの最終回で話してくれた人がいたように、ここでの簡単なやり取りが、ペアの仲間意識を育てる一歩となる。

「あなたの声を聴いている子どもの存在はここで直接は見えないけれど、ペアの相手が、あなたの子どもになったつもりで聴いてくれるからね」と告げることにより、読み手側になった者は恥ずかしさを振り切って読みに取り組む。聴き手側になった者も、自分が読んでいるときに子どもはこんな気持ちで聴いているのかぁと想像しながら熱心に聴くことができる。

② 読みあって気づいたことを**ワーキングシート（26-27ページ参照）A** に書き込み、それをもとにペアの相手と、互いの読みを振り返って気持ちを分かちあう。自分が読んでみての気づきと、相手が聴いてくれての感想を照らしあわせることで、新しい発見ができる。またアドバイスを素直に受け入れてもらえたり、受け入れることができる自分を発見できたりする。

　他人が表面的なコミュニケーションだけでなく、同じ目標のもとに深い言葉を投げかけてくれることを知る。

③ 授業終了後、ワーキングシートには指導者がコメントを付けて返却する。

単元3　みんなと絵本を読みあってみよう

① グループ全員の前で絵本を読んでみる。そして、なぜその絵本を選んだのか、実際に読んでみてどんな気持ちがしたかなどを、グループメンバーに伝える。同時にメンバーもそれぞれの読みを聴いてどんなことを感じたのかを、本人の気持ちに重ねあわせながら、「そのことがよく伝わった」とか「私には○○なふうにとれた」というように率直に届けあう。

　前回の単元2を経ることにより、「他者の読みの声に耳を澄ます」ことに真剣に取り組む姿勢が生まれ、グループ間で互いの声を集中して聴きとろうとする姿勢と、そこで生まれた自分の感覚や感情が「メンバー全員で上手になっていくための貴重な手がかり」として認められる喜びを経験する。浅い同調をしなくてもよいのだ、独自の意見でも尊重される場なのだと学ぶ。

② 最終的に録音することを想定して、今どんなことが不安なのか、あるいは絵

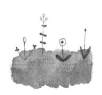

23

本読みに対する具体的にわからないことなどを自由に**ワーキングシートB**に記入する。

③ 授業終了後、ワーキングシートは、指導者が次回グループ全員で共有する指導内容と個人的にアドバイスするものを分けて、コメントし返却する。

単元4　よりよい読みあいを目指して

① 前回提出された**ワーキングシートB**をもとにして、問題解決のための具体的な練習をしたり、心情を分かちあったり、それぞれの絵本に対する理解を深めたりする。

　この回で、自身の読みへの違和感から自己洞察に進んでいく場合もあれば、それぞれが自分の作品に対する解釈を告げあって自分らしい「読みの声」を発見したりするようなことがしばしば起きる。

② 次回の録音リハーサルを意識しながら、各自の読みのよさをグループ全体で分かちあい、全員でスキルアップしていけるよう励ましあう。

単元5　録音リハーサル

① 最終回の録音本番をイメージし、本番と同じ手順で実際に読みの声を録音してみる。

② それぞれの録音をグループ全員で見守ったのち、**ワーキングシートC**を用いて仲間一人ずつに応援メッセージを書く。

③ 指導者もひとりずつに向けて記入後、**ワーキングシートC**は、まとめてそれぞれのメンバーに届けられる。

④ 本番に向けて絵本を居室に持ち帰ることが許されるため、単元5終了後、各自借り出し手続きを行う。

単元6　録音本番

① 家族に思いを馳せながら、絵本読みの声を録音する。

② プログラムを振り返り、心情の変化や発見を自分の言葉で伝えあう。その後 **ワーキングシートD** を記入してプログラムの締めくくりを行う。

③ 指導者からメッセージカードを受け取る。

* 単元1〜6を終えた後、録音編集された CD が各自に手渡され、その CD に絵本のタイトルを書き込む。みんな精いっぱいの思いを込めてカラーペンでカラフルな文字に仕上げていく。

　各自が録音に用いた絵本は、私費で購入し、完成した CD とともに家族へ送られる。

それぞれの CD を収める
ケースジャケットの表面

　ここまでに示した絆プログラムの骨格は 12 年間変わっていませんが、それぞれの単元で用いる絵本やアイスブレーキングの内容などは、メンバーの雰囲気や抱えている家族背景等の複雑さを考慮しながら、随時変えていきました。

　たとえば、絵本を孫といっしょに読みあいながら無心に戯れるおじいちゃんの DVD 視聴を第 1 回目のプログラムに導入していたのですが、参加メンバーの中に、親との強い確執が報告されているような場合には用いませんでした。

「絆プログラム」
ワーキングシート見本

単元2 ワーキングシートA

見 本	**ワーキングシートA**

月（がつ） 日（ひ） 氏名（しめい）

あなたのペアの名前（なまえ） ：

●あなたが選（えら）んだ絵本（えほん）について

絵本（えほん）の名前（なまえ）

この絵本（えほん）を選（えら）んだ理由（りゆう）

この絵本（えほん）を読（よ）んでいる時（とき）、どんなことを考（かんが）え、どんな気持（きも）ちでしたか？

●あなたが読（よ）んでもらった絵本（えほん）について

絵本（えほん）の名前（なまえ）

この絵本（えほん）を読（よ）んでもらった時（とき）、どんなことを考（かんが）え、どんな気持（きも）ちでしたか？

単元3 ワーキングシートB

見 本	**ワーキングシートB**

月（がつ） 日（ひ） 氏名（しめい）

あなたが選（えら）んだ本（ほん）の名前（なまえ）

●みんなの前（まえ）で読（よ）んでみて、どんなことに気（き）がつきましたか？
（意外（いがい）とあがらずに読（よ）めるものだ、動物（どうぶつ）の声（こえ）を出（だ）すのが照（て）れくさい、みんなが
　まじめに聞（き）いてくれると勇気（ゆうき）がわいてくるもんだなぁ、など）

●みんなが読（よ）む姿（すがた）を見（み）て、どんなことに気（き）づきましたか？
（真剣（しんけん）になるとみんなちょっと早口（はやくち）になるようだ、ゆっくり読（よ）まないと、
　どの人（ひと）にもその人（ひと）なりの良（よ）さがあるもんだなぁ、など）

●録音（ろくおん）にあたって、読（よ）み方（かた）や声（こえ）の大（おお）きさなど、不安（ふあん）に思（おも）うことや分（わ）からない
　ことがあれば、なんでも書（か）いてください。

26

単元5 ワーキングシートC

プログラムに参加中、メンバーは、
互いの名前はすべて仮名で呼びあう。
ワーキングシートに記入する名前も
それを用いる。

単元6 ワーキングシート D

見本1枚目 ワーキングシートD

月 日 氏名

あなたの録音した本の名前

●無事に録音を終え、今あなたは、どんな気持ちですか？

●絆プログラムを体験しての気付きや感想を自由に書いてください。

見本2枚目

●これまでのワークを思い出して、嬉しかったことや、ハッとしたこと、発見したことなどがあれば、なんでも書いてください。

●これまでのワークを経験して、何か今までとは違う、物の見方や人の見方ができるようになりましたか？
どんな小さいことでもいいので、書いてください。

●家族に対して今伝えたい気持ちがあれば、自由に書いてください。

27

🪨 少しずつ変わっていく道のり

　プログラム開始にあたって、私は、このまますべてがうまくいくなどと思い上がった期待をもたないようにしよう。絵本を通してひとりでも家族と自分との関係を見つめ直すきっかけにしてくれればそれでいい、と考えていました。

　ところが、実際にプログラムが始まってみると、途中でプログラム参加中止を余儀なくされた1人を除き、どの人も6回のプログラムの中でどんどん変わっていったのです。メンバーみんなが期待以上に熱心に取り組み、自分らしい絵本読みを身につけるための努力を惜しみませんでした。

　録音本番前には、どの人も絵本のページをめくり直し、描いてあることすべてを自分のものにしようとしていました。あまりに真剣な姿に思わず「こんなに何もかもが順調にいくとは…」という言葉が口をついて出そうになり、そんな自分を恥じました。

　メンバー誰もがこのままではだめだとわかっているのです。変わりたいと、わが子をありのままに愛したいと、願っています。けれど、変わるための一歩をどこから踏み出していいのか、どう愛していいのか、そもそも自分にそのような資格があるのかどうか、自信がないのです。

　絵本は誰のことも差別せずどこまでもその手を広げて待っているというのに、一人でもうまくいけばと考えていた私のあざとさはなんということでしょう。誰のこともあきらめずにていねいに関わっていこうと改めて思ったのでした。

　これまで12年間計12回のプログラムを実施してきて、彼らの変化には三つのステップがあるように思います。

　まず大事な変化のきっかけは、声に出して絵本を読んでいくうちに、「あれ？」と何か引っかかりを覚えるということ。子どもに聞いてもらうため

に、絵本に書かれてある文字を詰まらずにすらすら読むことだけを最初は考えていたのに、あるとき、ふっと子どものためではなく生身の自分に言葉や絵が食い込んでくる瞬間があるのです。それは、また時には見逃していた描写に込められた作者のメッセージの発見であったり、ある時には作者とは異なる価値観をもつ自分の生き方への問い直しであったりします。その発見や問いをバネに前に進むかどうかは、その人自身に託されているのです。

　よくわからなくなったからと別の絵本に変えることもできますが、わかるまで何度でも読み直してみることも許されています。読み直しを応援してくれる仲間もいます。そうやって恐る恐る自分でつかんだ問いへの答えは、確実に絵本読みを成長させます。自分に向けた問いだけでなく、ほかのメンバーのそうした葛藤をその場で見つめ、ひたすら聴き入ることにより、絵本理解、人間理解が格段に深まっていきます。これが、2ステップめの、仲間がいることの意味を感じ始める段階に入ったということです。

　そして、3ステップめは、録音完成という最終目標を達成したとき、他者と比べての上手下手は関係なく、精いっぱい自分を出しきってわが子のために絵本が読めたという充実感を味わい、これは誰でもない私にしかできなかったんだと気づくことです。自分には愛する力があることを自分に受け入れる瞬間です。

絆プログラムの活用法

　絆プログラムは、離れて暮らす家族、あるいは直接会えない大切な人同士をつなぐためのプログラムとして開発されました。[5] 美祢社会復帰促進センターでは、女性受刑者とお子さんをつなぐ目的で実施されましたが、単身赴任の親と子ども、コロナ禍で簡単に会えなくなった祖父母と孫、長期入院児の付き添いをしている親と家に残した子どもなど、さまざまな苦しい状況下

において、実際に活用されています。[6]

　その場合、読みあいに用いられる絵本や読みあいの録音に至るまでの過程は、それぞれの状況に応じて柔軟に変えていくことができます。

●注───────

1　阪本一郎『読書指導──原理と方法』牧書店、1950 年

2　大神貞男『読書療法──その基礎と実際』文教書院，1973 年

3　村中李衣『お年寄りと絵本を読みあう』2002 年、『子どもと絵本を読みあう』2002 年、『絵本の読みあいからみえてくるもの』2005 年、いずれもぶどう社

4　絆プログラムで実際に受刑者に紹介した絵本は、小学館集英社プロダクション制作のガイド冊子『絆プログラム』巻末に掲載。本章で示したワーキングシートA~D も、同冊子から転載したものである。

5　村中李衣・勝田浩章・樋口麻利江・至極睦「矯正教育の現場における『絆プログラム──絵本の読みあいを通して』の可能性」(矯正教育研究会『矯正教育研究』第 58 巻特別号、2013 年) pp.27-33.

　　村中李衣・周布恭子・勝田浩章・谷本麻利江・山口清美・受田恵理・佐々木真弓「絆プログラムが受刑者の家族再統合や再犯防止に及ぼす影響について」(日本矯正教育学会『第 49 回大会発表論文集』2013 年) pp.178-181.

6　西隆太朗・村中李衣・松下姫歌「長期入院児家族のための絵本の読みあいによる支援プログラム──実施方法について」『ノートルダム清心女子大学紀要』(人間生活学・児童 学・食品栄養学編、2016 年) pp.57-66.

　　村中李衣・西隆太朗「長期入院児のための絵本の読みあい──支援プログラムの実際とこれから」『絵本 BOOKEND』(第 1 回日本絵本研究賞受賞／発行 絵本学会、発売 朔北社、2017 年) pp.139-155.

2.

一人でも独りじゃない
—絆プログラム12年間の記録

繊細な時間・繊細なしぐさ

　12 年間の絆プログラムをふり返ると、出会ったどの人もみな、忘れがたい読みあいの足跡を残してくれています。本章では、その中から 15 名の足跡を、彼らが最終的にわが子との見えない読みあいに選んだ 15 冊の絵本とともに綴っています。

　絆プログラムは、あらかじめ 1 回（1 単元）90 分間でやることが決められており、大きく動きまわることも大声を出すことも禁じられた小さな教室の中で進んでいきます。部屋の後ろの壁には刑務官の方が立っておられることもあり、通路に面した窓から、制服姿の職員の方々の行き交う横顔が見えたりもします。教室に入るときも、出ていくときもきちんとしたあいさつが求められるし、強いはっきりした声で与えられた番号を呼ばれ、それに従って退室していきます。番号を呼ばれた瞬間、プログラムのメンバーは、母親の顔からサッと「一受刑者の顔」にもどります。

　受刑の中で生きているのだから、あたりまえのことです。けれど、その背中を見送りながら、このプログラムのあいだだけは、私の心の中に生きている彼らのなまの声や表情を消さないようにしようと自分に言い聞かせてきました。そうやって留めておいた記憶がここに記したものの根幹にあります。

「不穏なことは何も起こらなかった」時間の中に、「毎回起こったささやかで大切なこと」がありました。極力私の感傷記録にならぬよう、飾った言葉で盛り上げたりしないよう努めたつもりですが、用いることのできる言葉が限られているだけに、教室のようすがきちんと伝わるかどうか、書き終えた

今も心配でなりません。

　当然のことですが、彼ら自身の記録を再現できるのは、情報公開の許諾が事前に取れていた人のみです。文中に用いた名前は、すべて仮名です。また、罪名も含め本人が特定されるおそれのある事実は載せていません。それでも、なお、一人ずつの生き方や心の立て直しのさまが、出会いから何年経とうと、くっきり浮かんできて「わたしをちゃんと見つめて」「わたしのありのままを伝えて」と語りかけてきます。彼らとの時間は、私にとっても「コミュニケーションの希望」を灯すとても繊細な時間でした。

　第1章でも述べたことですが、美称社会復帰促進センターは、従来の刑務所とは異なり、高い塀も鉄格子もなく、受刑者の人権に配慮した近代的な施設運営がなされています。

　けれど、自分の犯した罪と真摯に向きあうための抑制された時間と空間の中で過ごさなければならないことに変わりはありません。勝手に眉毛を抜くことやムダ毛を剃ることは自傷行為にあたりますし、着衣も室内履きのサンダルさえ、自由にはなりません。だからこそ、サンダルのつま先に覗く5本指のソックスの愛らしさにほっと心が和んだりもします。「そのソックス、かわいいですね」とプログラム開始前にささやくと、「ほんとですか？きょう読むおさるの絵本にあわせてみました」と小声で返答してくれるといったことも、ちょくちょくありました。

　また、この場所だからこその気遣いのしぐさにもハッとさせられることがありました。ワーキングシートに記録する作業のために、各自に鉛筆が配られるときがあります。すると、書き終えた鉛筆を回収するときに、何人かのメンバーが、鉛筆の先っぽを人差し指で押さえてもどしてくれることに驚きました。そういうふうに特別な指導を受けているわけではなく、自然にそうしてくれているのです。決して危害を与えないという気持ちの表明がこんな繊細なしぐさになって自然に表れることに心打たれました。

🫘 わが子との絆を取りもどす再出発への願い

　施設に収容されているすべての女性受刑者が、ここに記したような深い情愛をもって家族との再出発のために努力をしているのかどうか、私には確かめることができません。でも、人間にはどうしようもない弱さがあり、そこから生まれる哀しみを背負って生きていくことの中で、自分が自分であることの意味を引き受けていく生きものなのだと知りました。そして、その哀しみの道を歩き続けていくために、他者を愛さずにはいられないということも。

　このあと 15 の事例を紹介するにあたり、読者の方々に一人ずつがどんな罪状で入所しているのかを公表することは許されていません。

　しかしながら、法務省が公表している矯正統計によると、2019 年に刑務所に入所した女子受刑者 1718 名の罪名は〈窃盗〉が 815 名で 47.4%、〈覚せい剤取締法違反〉が 567 名で 33%。これで全体の約 80%を占めています。続いて、〈詐欺〉が 117 人で 6.8%、〈道路交通法違反〉が 40 人で 2.3%。罪名別の傾向は、ここ数年ほとんど変わりがありません。

　年齢別の構成比を見ますと、子どもを産み育てる 20 代 30 代の女性受刑者の割合は全体の約 30%となっていますが、一方で 65 歳以上の高齢受刑者の占める割合は年々増加してきています。また、2019 年に再度刑務所に入所してきた者（再入者）は 857 名でその比率は 49.8%です。この比率も年々増加しています。一方、美祢社会復帰促進センターは官民協働による施設運営をすることから、収容対象は初めて受刑する者のうち、凶悪事犯者や高齢者、医療的な措置が必要な者ではなく、早期の社会復帰が可能な受刑者がその処遇の対象とされています。

　幼いわが子との絆を取りもどすことを柱にして再犯を食い止め、更生への道をしっかり歩んでほしいという絆プログラムの意義は、こうした数字からも見えてくるのではないかと思います。

読みあい事例
1

（まりこさん）

「無理です。
どう読めばいいのかわかりません。」

おまえ うまそうだな
作絵 宮西達也
ポプラ社

あらすじ

　ひとりぼっちで卵から孵ったアンキロサ
ウルスの赤ちゃんは、おなかをすかせたティ
ラノサウルスに狙われる。

　しかし、ティラノサウルスの「おまえ う
まそうだな」というつぶやきから自分の名前
を「ウマソウ」と思い込み、無邪気に父親だ
と信じてなついてくる。

　幼いアンキロサウルスを、ティラノサウル
スは見捨てておけず、ふたりはいつのまにか
本当の親子のような絆で結ばれていく。

　　まりこさんは、さばさばした物言いが際立つ女性でした。絵本選びは、小
学校高学年の多感なわが子のためにあまりかわいらしいものでなく、ちょっ
とカッコいいくらいの本をと、あれこれ探した末に宮西達也の『おまえ う
まそうだな』を選びました。「恐竜っていうのもこの目つきも、なんか甘く
なくていいですよね」というのが、最初の感想でした。

　ところが、いざ、ペアを組んで絵本を声に出して読んでみると、「長いで
す。これ長すぎ」と率直な感想。最初はストーリーというよりも、ちょっと
心の距離を感じている息子が興味をもってくれそうな絵本を絵のイメージで
探していたようです。ですから、これまで読み聞かせ経験がほとんどなかっ
た彼女にとって、文章の長さは、高い壁でしかなかったようです。いったん

この絵本をあきらめ何冊か違う絵本の試し読みを重ねますが、やはり最後にはこの絵本にもどってきました。「この子、めっちゃ素直でかわいい」と言いながらウマソウのセリフを口にすると、グループのみんなから「雰囲気が出てる」「お父さんだと信じて一生懸命ついていこうとする、けなげな感じがうまい」と感想をもらうことができ、やっと覚悟が決まったようでした。

　しかし、まりこさんは、子どもであるウマソウの声の部分は、無邪気に屈託なく読めるのですが、どうしても、おとなであるティラノサウルスのセリフに気持ちが入らないようでした。5回目の予行録音の際も、特にラストシーン、父親と信じるティラノサウルスといつまでもいっしょにいたいがために、全速力で自分から遠ざかっていくいとおしいウマソウの姿に「さようなら　ウマソウ……」とつぶやくところで、顔を真っ赤にして首を振りました。「無理です。どう読めばいいのかわかりません」

　まりこさんの気持ちは、まだティラノサウルスに追いついていないようでした。

　「よーし、ぼく　まけないよ」
　ウマソウは　なみだを　ふくと、はしりだしました。
　ぜんそくりょくで　はしりました。
　やまに　むかって　はしりました。
　ここまで、まりこさんは、一生懸命にひと言ずつ、力を込めてウマソウの気持ちになって読み進めています。

　「ぼく、おとうさんと　ずっと　いっしょに　いるんだ！」
　ここもとっても上手です。グループのみんなも息をのんで見守りました。

　ウマソウは、うしろも　みないで　どんどん　はしっていきました。

　この一文を声に出したとき、「あ」と彼女が声を上げました。「もしかして、ここは、子どものほうじゃなくて、父親のほうの気持ちが書いてあるのかも」

　離れていく子どもの背中に、わかってもらうことを期待しない親の愛情が乗せられていることに、まりこさん自身が気づいた瞬間でした。次の2場面、セリフがまったくないその物語の時間を、まりこさんは、しっかりと、わが子を見送るティラノサウルスの気持ちになって耐えているように見えました。そして、いよいよ最後の「さようなら　ウマソウ……」。それまでは、さらりと読んでいたのに、明らかに感じが違います。もごもごと言いよどんでいる感じでした。「先生、なんか、私、初めて、ティラノサウルスの気持ちがわかった気がする」と彼女は言いました。

「がんばってみる」

　2週間のひそかな練習期間を経て、いざ本番の録音。手にびっしょり汗をかきながら彼女が語った最後のセリフは、あいさつ言葉の「さようなら」じゃない。まぎれもない、わが子への精いっぱいのエールのように聞こえました。

　録音終了後、まりこさんは、少し高揚した表情で「こんな私でも絵本の世界に入り込むことができるし、絵本の良さがわかるんだなぁと思うと、なんだか不思議な気持ち」と漏らしました。「こんな私でも」じゃない、「あなただからこそ」だとわかってほしいと、心の底から思いました。

まりこさんへの手紙

　おおらかな直感型のあなたが、複雑な感情が入り混じるむずかしい絵本に挑戦されたこと、いつもがんばれ、がんばれ、と応援していました。

　最後の最後に、ティラノサウルスの心の変化を理解し読みがぐんぐん深まっていきましたね。自分なんてダメだと思っていたティラノサウルスが、ウマソウを愛し守ろうとする気持ちによって自分を精いっぱい高めていこうとする努力が、本番のあなたの読みで表現されていました。

　率直で、いつでも子どもの心持ちにすっとなれるのは、あなたのいいところです。でも、子どもには気づくことができないおとなの深いおもいやりや、5年先、10年先の子どもの幸せを願う気持ちも、この絵本をみごとに読んだことであなたの中にしっかり育ったんだと信じていますよ。

　どうぞ、これからの人生、ときどき立ち止まって、深呼吸して、そして一歩ずつしっかりしっかり歩いてくださいね。

　絆プログラムに参加してくれて、ありがとう。

Rie

読みあい事例 2
（しずかさん）

「これって、あんまりですよね。
　こういうんじゃない読み方ってないのかなぁ。」

こすずめのぼうけん
ルース・エインズワース 作
石井桃子 訳
堀内誠一 画
福音館書店

あらすじ

　母鳥に飛び方を教わったこすずめは、自分一人で世界中を見てこようと大空を飛び回る自由を満喫する。

　やがて疲れてきたこすずめは、どこかに止まって休もうとするが、どの巣を訪ねても、自分の仲間ではないからと断られ続ける。夕暮れが忍び寄り途方に暮れたこすずめだが、最後に自分を探し回ってくれていた母鳥と再会を果たすことができる。

　しずかさんは、プログラムの初めから少し不安げで、グループの中にあっておどおどしている感じが見受けられる小柄な人でした。とてもきちょうめんで、絵本を選ぶ段階から「子どもに道徳的なちゃんとした心が伝えられる絵本を選びたい」と１冊ずつを手に取っては真剣に内容を吟味していました。その結果、彼女がこの絵本にたどり着いたのは、「まだ小さいのに、こすずめの話しぶりがきちんとしていて、礼儀正しかったこと」と、「どんなにいじわるをされても、最後まで泣かずにがんばって冒険を続けたこと」との２点からでした。「どんなにいじわるをされても」というしずかさんのつぶやきは、「すみませんが、なかへ　はいって、やすませていただいて　いいでしょうか？」というこすずめの頼みに対して、自分の種族とは異なるため中へ入れることはできないと他の鳥たちが断るようすに対して生まれたも

のです。

　しずかさんは、そんな社会の荒波にもまれながらもくじけるな、負けるなという強いメッセージをこの絵本に託したかったのでしょう。ところが、みんなの前でこの絵本を読むうちに、「じゃ、なかへ　いれることは　できないなあ」「じゃ、なかへ　いれることは　できませんねえ」と、自分の声を出しながら「なんだか…これって、あんまりですよね。こういうんじゃない読み方ってないのかなぁ」とぽつり。その言葉、チームのみんなが、深くうなずきました。

　口にこそ出して言わないものの、どの人も自分が犯した罪によりわが子への社会の風当たりが強いであろうことに心を痛めていたからだと思います。そのことをまざまざと思い知らされるセリフを避けて、別の優しい絵本を選ぶことだって可能でした。でも、しずかさんは、自分でこの絵本を最後まで読み切ることに決めました。

　録音前、みんなとの話しあいの中で、しずかさんは言いました。「ここにいる仲間みたいに、息子を大事に思ってくれる人だっているんじゃないかって考えるようになりました。巣に招き入れることはできなかったカラスだってヤマバトだって、フクロウだってカモだって、みんな、中に入れてあげられなくてごめんね。でも、あなたのことはちゃんと見守ってあげるっていう気持ちだったかもしれませんよね」。

　この言葉を聞いたとたん、グループの一人が「うんうん」と大きくうなずきました。「私もそう思う」。

　みんなのわが子を思う気持ちが、自分とわが子だけの閉じた場所から、社会の中に一歩踏み出したように見えました。しずかさんの読みは、そこから変わりました。「じゃ、〜できませんねえ」と語る1羽ずつの声が、切なく柔らかく響くようになりました。なんとかしてやりたいんだがという思いが、こすずめを包むように余韻をもって響くようになったのです。

　そして録音本番で「ぼく、あなたの　なかまでしょうか？」と恐る恐るたずねるこすずめに対して、「もちろん、なかまですとも」「わたしは、おまえの　おかあさんじゃないの」とセリフを語るしずかさんの声は、何とも誇らしく、どうどうとしたものでした。

〈単元3 ワーキングシートBより〉
●みんなの前で読んで
　最後に読むことにプレッシャーを感じました。緊張もしました。
　けれども、こすずめの気持ちが少しでも伝わるように思いながら読むと自然と読み方が変わることがよくわかりました。申し訳なさそうだったり、仲間にできなくてごめん…と伝わっているのがすごくうれしかったです。

〈単元5 ワーキングシートCより〉
●メンバーからの応援メッセージ
　飛ぶのが楽しくなってきて、いろんなところに行ってしまい、いろんな鳥に出会うのだけど、違う鳥だからみんなに断られるところがとてもよく表現できていて、けど申し訳なさそうな気持ちも出ていました。
　最後に不安そうにお母さんに聞いていたようすで「あなたの仲間でしょうか」というところとお母さんに出会いいっしょに帰れてよかったところも声に出ていました。こすずめのように、1日も早く帰ってきてくれるしずかさんのことを待っていてくれる子どもたちに、きっとこの声が届いたと思います。そして、いっしょに読んであげてください。その日を楽しみにしています。
　お互いの子どものために精いっぱい生きようネ！…

　あなたの声、優しいお母さん・母の思いが伝わる。
　厳しさ・大切なことだからしっかり伝える。

でも、心の中から心配と優しさ、愛情が声に乗ってあなたの大切な人たちへ。こすずめの不安さ。でも、がんばって育てている。

世の中、冷たいばかりじゃない。仲間みんな同じじゃなくても大丈夫って。今は遠く離れている。でも、「愛」「優」って思いは伝わるって思います。そう願っています。あなたの声から母の思い、愛が見えてきました。

〈単元6 ワーキングシートDより〉

●録音を終えて

ホッとしたというよりも、これからも絵本を通して子どもに思いを伝えていこう、絵本以外の方法でも手紙に心を込めて思いを書き続けていこう、という勇気というか、自分がわが子にしかしてあげられないことを再認識させられました。

読書はもともと好きですが、これほど1冊の本に思いを込めて朗読したことはありません。「もちろん、なかまですとも〜」を読んでいるとき、気持ちがあふれてきて、もう少しで泣きそうになりました。

●気づきや感想

朗読をする順番を決めるとき、いつも先生が工夫し野菜や果物の名前だったり、きょうの順番決めの絵にも秘密があって驚かされた反面、その瞬間から絆プログラムの世界にスッと入っていける雰囲気づくりをされていたと思います。

初めは恥ずかしさのほうが大きくて、人前で読むのも気が引けていたのですが、3回目・4回目となってくると、すでに心は絵本の中というより、絵本と一心同体となっているので、自然に気持ちが表れてくるのです。こんなに感情が自然に表れる朗読をしたこともなかったし、また、自分と向きあうよい機会だったと、心から思っています。

●楽しかったこと・発見したこと

うれしかったこと：同じ母親としての苦悩をもつセンター生と直接語りあう

訳ではないのに、その場にいるだけでお互い励まし励まされていると感じられたことです。みんなの一生懸命さがひしひしと伝わってきました。

　驚いたこと：先生が九州へ行った際にアレルギーが出てしまい、目も顔も全身に症状が出てつらかったはずなのに、私たちのためにプログラムを開いてくださる熱意には、驚く以上に心から感謝しています。これからはもっと体を大切にしてほしいです。

●今までとは違う見方

　絵本を通して、こんなに深い心を込めた贈り物をしたことが今まであったかなぁと考えさせられました。絵本の朗読を聴いていると、その人の性格や思いが伝わってきます。伝わってくるということは、その人が伝えようとする気持ちと、その人を理解したいという自分の気持ちがふれあっているということだと思います。6回という少ない回数の中でこんなにお互い励ましあえるセンター生にめぐりあえたことは、自分の中では大切なできごとです。

　これからもいろいろなことがあると思うけど、つらいのは自分だけではなく、言葉にしなくても励ましあえる仲間がいることを心強く感じます。

●家族に今、伝えたい気持ち

　今、自分の立場から家族にしてあげられることはないに等しいと思います。手紙を書いても、思いを書くことはできても、その思いが本当に伝えられているのかはわかりません。

　けれども、先生に「何をしてあげたか」よりも「何をしてあげたいと願い続けたか」が大切といわれて、ハッとしたのです。これから私が何ができるのかよりも、何をしていこうかと思う気持ちがまず大切なんだと気づかされました。

　そんな私が、1冊の絵本に出会いました。この絵本に母親としての思いを込めて朗読しました。この朗読を聴いてくれたら、心からうれしいです。そしていつか、CDからではなく、直接にこの絵本を読んであげたいと思っています。

　その日を楽しみにしていてくれますか？

しずかさんへの手紙

　何度も、順番が最後になってしまってごめんなさい。でも、嫌な顔ひとつせず、いつも、じっとみんなの姿を静かに見守り続けてくれていましたね。「損した!」と考えずに、今自分にできる精いっぱいのことをきちんとこなす姿に、私は何度もハッとさせられました。その姿こそが、子どもたちへの何よりの教育です。子どもたちには「何をしてあげられたか」よりも「何をしてあげたいと願い続けたか」が、ほんとうは大事なのですよ。

　だから、『こすずめのぼうけん』の母鳥のように、再会できたときに、しゃんと胸をはって「もちろんですとも!」と言ってあげてくださいね。あなたには、〈ひたすらに愛する〉という母親のいちばん大きな力が備わっているのですから。

　いつも、やさしく気遣ってくださってありがとう。

　そして、絆プログラムに参加してくれて、ありがとう。

Rie

44

読みあい事例3

（さとみさん）

「どんなにダメな私でも、
　私の子どもには、私しかいないんですよね。」

ちいさなき
神沢利子 ぶん
高森登志夫 え
福音館書店

あらすじ
　小さな赤ちゃんの木が、自分のお母さんの木を探して「おかあさんの　きは　どこにいるの？」と呼びかける。それに対して、1本ずつの親木が「ここよ　わたしが　おかあさんですよ」と応える。
　美しい絵と簡潔で優しい文章が詩情豊かな世界を創り上げる。

　さとみさんは、すらりとした背の高さに似合わず、その声はとても小さく、よほど耳を傾けなければその言葉を聞き逃してしまいそうでした。彼女は絵本を選ぶ時点から「声を出すのは苦手だから、なるべく文章量の少ないものがいい」と言っていました。最終的に彼女が選んだこの絵本は、小ぶりである上にタイトルに「ちいさな」と記されていることが、自信のもてない彼女を慰めるように受けとめられたのかもしれません。
　さて、この絵本を風にかき消されるような小さな声で読み始めると、教室の中はシーンと静まり返ります。みんな何とか彼女の声を聞き取ろうと真剣ですし、いやがおうにも緊張感が部屋の中を覆い尽くしていきます。その中で「おかあさんの　きは　どこにいるの？」と読み進めたさとみさん、突然次のページをめくる指が震え始めました。

長い沈黙。やがて、「読めません」とぽつり。

　彼女の気持ちが落ち着くのを待っていると、消え入りそうな声で、「『どこにいるの？』と聞かれて『ここよ』と、私は答えられません」。

　みんなの心にその悲痛な声は届きました。誰もが同じ気持ちだったのでしょう。子どもの「どこにいるのか？」という問いに答えられる「ここ」をもちあわせないメンバー全員の悲しみが、部屋全体を重く沈み込ませました。「どうしましょうか？」といったん声をかけてはみたものの、私にも出口が見つかりませんでした。

　すると、メンバーの一人が「代わってあげる」と絵本を手に取り、深呼吸して読み始めました。何かその潔い申し出は、もうこんな悲しみに立ち止まっているわけにはいかない、何とかしなければという、見えない高い壁への歯を食いしばった挑戦の声のようにも聞こえました。

　　ここよ　わたしが　おかあさんですよ

　さとみさんが、食い入るように、読みを代わってくれた仲間の読みを見つめます。すると、驚いたことに「私も読んでみる」と、ほかのメンバーも絵本を受け取り、同じ箇所を読み直しました。

　　ここよ　わたしが　おかあさんですよ

　結局メンバー全員が、さとみさんに代わって、一番つらい箇所を読みました。聞き終えたさとみさんが口を開きました。

「ありがとう。でも、わかりました」

　みんながかたずをのんで、さとみさんの言葉に耳を澄まします。

「どんなにダメな私でも、私の子どもには、私しか『ここよ』といえる人はいないんですよね」。きっとさとみさんが、母親である自分を、目をそらさずまるごと受けとめた、最初の覚悟の言葉であったように思います。みんながうなずきました。同じように、彼らも彼らの子どもたちにとって、代わりのいないただ一人の母親であるのです。

　録音本番、さとみさんの声はやはり録音機器の調節をして、音量を最大限に上げる必要がありましたが、でも、その声は迷いを吹っ切ろうとする必死さが伝わる美しい声でした。彼女が録音前に借り出して練習した『ちいさなき』の絵本は、「ここよ〜」のページの端っこだけがすり減っていました。どれだけの回数これらのページをめくり、どれだけの回数「ここよ」と呼びかけたのでしょう。忘れられない読みあいとなりました。

〈単元5 ワーキングシートCより〉
●メンバーからの応援メッセージ

　優しい声で、ちいさな木の声というよりも、優しいお母さんの木の声っていう気がして、とてもよかったです。

　さとみさんの優しい声で、お母さんって感じでよかったです。その優しいお母さんのイメージで、がんばってね。

　『ちいさなき』よかったです。うまいです。がんばってください。
　さとみさんの静かな言い方があっています。

〈単元6 ワーキングシートDより〉
●録音を終えて

　すごく緊張して、心臓がバクバクでした。ゆっくり読もうと思ったけど、少し早口になったと思います。お母さんのところがうまく読めたかと思います。録音が終わってホッとしたけど、また絵本の読み聞かせができる機会があればいいなと思いました。

●気づきや感想

　回を重ねるごとに、みんなが上手なのでびっくりしました。それぞれの絵本

の良さが出ていて、絵本のパワーはすごいと思いました。絵本を読むごとに、自分にもこういう優しい部分があるんだと、気づかされました。

●楽しかったこと・発見したこと

声が小さいのを気にしていたけど、それをいい方向に導いてもらいました。今まで絵本はそのまま、ただ読んでいたけど、私にもこういうふうに読めるんだということを実感することができました。

●今までとは違う見方

絵本の読み聞かせを体験して、自分の嫌な部分ばかり後悔してきたけど、絵本は、小さい子どもだけでなく、おとなにも伝わる優しい気持ちがあると思いました。自分だけでなくほかの人の優しい気持ちを探って、みんながこれから笑顔で人生を送れたらいいと思っています。

社会復帰して、落ち着いたら、絵本の読み聞かせのチャンスがあれば、みんなにしてあげたいです。まずは自分の子どもに喜んでもらいたいです。貴重な経験をありがとうございました。

●家族に今、伝えたい気持ち

今までさびしい思い、悲しい思いをさせてきた家族に自分の気持ちを伝えるつもりで絵本を読んできましたが、今は離れているけど、いつも子どものことを思っているし、今まで自分勝手をしてきた私を子どもは待ってくれているので、早く帰れるように努力するので、もう少し待っていてほしいです。

そして、これからの私を見ていてほしいです。今までつらい思いをさせてごめんなさい。必ず更生します。

さとみさんへの手紙 　　　　　　　　　　　**プログラムを終えて**

　もの静かで、どんなものもおろそかにしないでいてくれたあなたの語る「お
かあさん」の声は、本当におだやかで、愛と信頼に満ちていて、心の底か
ら「いいなぁ～」と思えました。

　声が小さいことを気にされていましたが、小さくても一度聴いたら忘れられ
ない、おだやかで安心できる、いい声です。

　さとみさんには、さとみさんにしかできない「人生のやり方」があるように
思います。それは、しっかり感じて考えて、ゆっくりでも勇気を出して進み続け
る道です。

　これまでは、いろんな誘惑に、その道の途中で迷ってしまうこともあったか
もしれません。でも、えいやっ！と、正しい方向へ飛び越えることを決めれば、
さとみさんを応援したいと思っている人が必ず現れます。あなたのことを大切
に思っている人たちが必ずいるのです。

　だから、どうか道をまちがえることなく、自信をもって進んでくださいね。

　復帰されたあなたが、まじめに優しく偽りのない心で、1日1日を過ごされ
るよう、お祈りしています。

Rie

49

読みあい事例 4

（まひろさん）

「絵本の中なら、ぎゅっとできるやん。」

きんの たまごにいちゃん
あきやまただし 作・絵
鈴木出版

あらすじ

　金色に輝く卵の中には、もういつだって殻を割って外に出てくることのできるたまごにいちゃんがいる。しかし、わが子をいとおしく思うあまり、成長の兆しを認められず、いつまでも卵のままでかわいがろうとする親の思いに何とか応えようとするたまごにいちゃん。

　でも、ある日ついに耐えきれず殻を破って外の世界に飛び出した彼は、卵のままでいなければダメなのか？ 愛してもらえないのか？と両親に問いかける。

- -

　まひろさんは、スリッパをざっぱざっぱと鳴らすようにして大股に歩くその姿が物語るように、小さいことにくよくよしないさっぱりした性格のように見受けられました。最初の回からマイペースで、まわりとの調和を図るというよりも、さっさと自分で絵本を決めさっさと読み始めていました。声も大きくて関西弁のイントネーションが、独特の大らかな雰囲気を醸し出していました。「メソメソしたようなしんみりしたのは苦手」という言葉どおりに『きんの たまごにいちゃん』を見つけ出したまひろさんは、読みながらそのユーモアたっぷりの絵柄と親子のちぐはぐな行動に、くくくっと一人で笑ったりもしていました。

　慣れてくると、だんだん読みのスピードが速くなっていきました。でもそれはそれなりに、ストーリーの軽妙さを引き立てているようでもあり、もう少し繊細にていねいに読み込んでもいいかもしれないけどなぁと思いつつ、しばらく彼女の読みたいように読んでもらっていました。

　ところがある日のこと、殻をぱきーんと破って卵から出てきたたまごにいちゃんの本当の気持ちを知った両親が、「ごめんね、ごめんね…」と言って彼をぎゅっと抱きしめるシーンに差しかかったまひろさんが、「こんなんナシやろ？」とつぶやきました。

「え？」としばらく彼女が何を言ったのか訳がわかりませんでした。グループのみんなも、きょとんとしています。

「だってそやろ？　悪いことして謝らなあかんのに、抱き寄せるなんてズルイやろ」

　突然出てきた彼女の本音のような言葉に、私を含め全員がしーんとなりました。まひろさんは、かまわず続けました。

「うちは、ホンマ、クスリをやってるの、子どもに悪いと思ってて、だから、子どもが抱っこしてって寄ってきたときも、ゴメンって思いながら突きとばして障子をパシッと閉めてんで。こんなん、アリか？　ゴメンなのに、ギュッと抱きしめるなんて…ホンマ腹立つ」

　彼女の腹立たしさは、感情のままに動くたまごにいちゃんの親鳥たちに向けたものなのか、それとも自分自身に向けたものなのか、よくわかりません。メンバーの一人が小さい声で「あんたも、ぎゅっとしたらいいやん。絵本の中ならぎゅっとできるやん」と言いました。みんな、うなずきました。まひろさんは、黙っていました。

　録音の本番まで、まひろさんのそれまでの超高速読みは変わらなかったけれど、例のシーンになるとスピードを落とし、何とか「ぎゅっと　だきしめました」を自分のものにしようと格闘しているのがよくわかりました。

みんな、心ひそかに応援を続けました。

そして本番では、今まで聞いたことのないはっきりした「ぎゅっ」の声を聴くことができました。

〈単元5 ワーキングシートCより〉

●メンバーからの応援メッセージ

自信をもって読んでいました。感情の入れ方、読み方がとても上手でした。

_____

まひろさんの絵本を読む口調がはきはきしていて、よかったです。
楽しく聴けました。本番もがんばろうね。

_____

聞いていてすごく聞きやすかったです。「どて！」のところも、表現の仕方がよかったです。本番もその調子でがんばってね。

〈単元6 ワーキングシートDより〉

●録音を終えて

すごく緊張しました。あっ、もうこれで終わりかと思いながら録音しました。ちょっと残念なのが早口になってしまったこと。練習ではお父さんお母さんの声を少しでもかえられるようにって、考えてやってきたのに、いざ録音となるとあがってしまって、何も考えられなくなってしまっていました。

ただ「ずっと」や「ぎゅっと」っていう言葉には気持ちを込めて言おうと思っていたので、それはできました。

●気づきや感想

絵本がこんなにおもしろいのかってことと、今回見た絵本でおとなもすごく興味がわくようなものがたくさんあるんだなってことがわかりました。

人前で絵本を読むことを体験して、何をするのも恥ずかしさを通り越せばで

きるんだなって思った。

●楽しかったこと・発見したこと

ほかの人たちといっしょにがんばれたことがうれしかったです。

●今までとは違う見方

絵本の世界に入ることで、子どもへの気持ちもすごく大きくなった。読んだ本が『きんの たまごにいちゃん』という親に大切に大切に育てられている話なのですが、私も子どものことを大切に大切に思っているので、読みながら子どものことを思っていた。

●家族に今、伝えたい気持ち

捕まる前も捕まってからも、いろいろ迷惑のかけっぱなしで、自分だけでなく子どものことも見てもらって本当に感謝しています。

次出る頃には、子どもも大きくなっていていろいろとたいへんだと思うけど、今まで寂しい思いをさせた分以上に、大切に育てていこうと思う。

もう二度と悪いことはしません。

まひろさんへの手紙　　　　　　　　　　プログラムを終えて

　あっというまに6回のワークが終了しました。

　お会いしたときから、芯の強い、心に中心軸をしっかりもった女性だなと思っていました。

　優しい声かけをするのがなんとなく照れくさかったり、べたついたすり寄りをされるのが、あんまり得意ではなさそうに見えるあなたです。

　でもだからこそ、あなたにはうそはつけないと感じたし、しっかりと気持ちを受けとめてくれると信じられました。

　きっとあなたは、心の底にまっすぐな一本の木を育てているのだと思います。風が吹いても嵐がやってきても、だめになったりしない強い木です。

　社会に復帰されたら、きっとその実のおいしさや香しさを、いろんな人に分けてあげてください。私がそうであったように、あなたがいてくれるだけで心が安心する、あなたがいてくれてよかった、と感じる人たちが、あなたのことを待っているはずです。

　絵本の読みあいは、あなたにぴったりの絵本が見つかってよかったです。たまごにいちゃんの、おれはおれでちゃんと生きてみせるという自立した心が、まひろさんの声でとてもよく伝わりました。あなたの、くすっとした笑い声にも、絵本の登場人物を見守る温かいまなざしが感じられて、すてきでしたよ。

　復帰されたあなたのがんばる姿を信じて応援しています。

　出会ってくれてありがとう。

Rie

読みあい事例
5

（なおさん）

「ぜぇんぜん大丈夫。
　いい声よ、いい声。」

ちびゴリラのちびちび
ルース・ボーンスタイン さく
いわたみみ やく
ほるぷ出版

あらすじ
　ジャングルの生き物たちみんなに愛され
て、のびのび育つちびゴリラのちびちび。で
もある日、ちびちびは、どんどんどんどん大
きくなり始める。もうちっともちびではなく
なった彼に対する森の仲間たちの愛情は少
しも変わることがない。
　最後は5本のろうそくを立てたバースデー
ケーキを前に何ともうれしそうなちびちび
の笑顔とみんなからの祝福の言葉で締めく
くられる。

　なおさんは、歯に衣着せぬ率直なもの言いでみんなをドキッとさせるとこ
ろのある、それでいてちょっと見にはまだ少女のようなあどけなさも垣間見
える人でした。絵本選びのときも、腕組みをして展示された絵本を遠巻きに
見ているだけ。こんなのもあるよ、といろいろ絵本を開いて見せても黙って
首をかしげるだけ。とりあえず、どれか選んで声に出して読んでみようか？
と誘いかけると低い声で「マジ無理」。
　ところが、ちびゴリラのちびちびがお祝いしてもらっているケーキのろう
そくの数が5本だったのに気づくと「5歳かぁ～」とつぶやいて、くり返し
ぱらぱらと本のページをめくり始めたのです。隣にいたメンバーの一人がの
ぞき込んで、「それかわいいんじゃない？　すごく」とタイミングよく声を

かけてくれたこともあり、彼女は『ちびゴリラのちびちび』を初めての読み
あいの1冊に決めました。

　さてペアを組んでの読みあいになると、なおさんは、顔を赤くしながら
つっかかりつっかかり読み進め、「無理。やっぱ無理」を連発しました。そ
れでも、ペアの相手がうん、うん、とうなずきながらストーリーの先を待っ
てくれているので、何とか最後まで読み終わりました。「あ〜、もう絶対、
無理」。悲鳴のような彼女の言葉に「なんで？　ちゃんと読めてたよ。おも
しろかったよ」とペアの相手は動じるようすがありません。

　回を重ねてもなおさんのぶっきらぼうと「無理、無理」発言は消えること
がなかったのですが、不思議なことに絆のグループの中では、天真爛漫で
初々しいというか愛するに足るキャラクターとして自然に受け入れられて
いったのです。

　すると、なおさんがみんなに向かってつぶやいたのです。「関西弁やから、
イントネーションとかおかしくなりそうやし、心配」。彼女が「心配」とい
う本音を漏らしたことで、たぶんみんな、胸がきゅんとしたのだと思います。

　私のアドバイスより先に「ぜぇんぜん大丈夫。いい声よ、いい声」とメン
バーの一人が言ってくれました。驚いたようになおさんが、みんなを見上げ
ます。

　そのようすを見ながら、私も改めて彼女の声を心に浮かべ直してみまし
た。「そう。なおさんの声には、うそがないね」

　ちびちびを見守るジャングルの仲間たちに負けない見守りをしてくれてい
るグループのみんなの思いがなかったら、私もたどたどしいなおさんの絵本
読みのどこが一番良いところなのか、気づけなかったかもしれません。この
あと、なおさんの読みに真剣さが加わりました。くり返される「だいすき」
の言葉に彼女なりの思いがこもってきました。
「いいよいいよ、どんどんよくなってる」と、みんな。

　録音前になおさんは、一番最後に森のみんながちびちびに呼びかける「お
めでとう」の言葉がどうもうまく言えない、感情が込めたいのに込められな
い、と告白しました。

　すると、彼女の向かい側に座っていたナナミさんがぱっと手をあげて、
「私に向かって言ってみれば？」と提案しました。「え？　いいの？」となお
さん。「うん、任せて」。何を任せてというのかよくはわからなかったけれ
ど、どうやらなおさんは、助けてもらえる仲間を自分で見つけたようでし
た。そのあとの練習でナナミさんは、しっかりなおさんの顔を見つめ続け、
そのナナミさんに向けて恥ずかしそうに、なおさんは「おめでとう」と語り
かけました。ニコニコしてそのようすを見ていたほかのメンバーが、「いい、
いい。さっきよりいいわ」。

　録音本番の日。みんな練習できましたか？とたずねる私に、なおさんだけ
が「ずっとやることがあって、きのうしか練習できなかった」と言いまし
た。あらあらと、みんな。ナナミさんは「だいじょーぶっ」とガッツポー
ズ。なおさん、最初の数回はみんなの顔をちゃんと見ることがなかったの
に、いつのまにか、みんなの輪の中心で笑っています。いい子だからでもか
わいいからでもなく、ただその存在まるごとで愛されているちびゴリラのち
びちびのことを、なおさんも「だいすき」と心から言えました。心を込めて
読めました。

　そして一番最後、本のページから顔を上げたなおさんの前で、背筋を伸ば
したナナミさんがまっすぐに手をあげています。「おめでとう」。教室の壁を
突き抜け、遠く遠くまで、なおさんの思いが届いた気がしました。

　プログラム終了後、「このメンバーでよかったです。ここなら自分を出せ
たけど、ほかじゃ無理」と感想を言ったなおさんに、みんながクスッと笑い
ました。「久しぶりに無理って言った」。なおさん、あなたもその「よかっ
た」の一人ですよ。そのメンバーの一人に、あなたもいたんですよ。

なおさんへの手紙

　よくがんばったね。ずいぶん恥ずかしかったり、迷ったり、緊張したりしたと思うけれど、その一つひとつが、あなたの良さです。本当の本当のあなたが純粋だってこと、よくわかりましたよ。

　選んでくれた絵本の中の「だいすき」の言葉、私の胸の中にずっとこだましています。あなたの「だいすき」をちゃんと受けとめてくれる人に、これからいっぱい出会えますようにと、強く強く祈っています。

　まずはあなたのお子さんをあなたの「だいすき」の声によって、優しい子に育ててあげてください。きっとあなたを一番に守ってくれるようになりますよ。楽しみね。

　あなたがいてくれて、私の左側にちょっと足を前に投げ出すようにして座っていてくれて、本当にうれしかった。

Rie

読みあい事例 6

「よく考えたらみんな、やらかしちゃってますよね。」

（はるかさん）

どうぞのいす
作 香山美子
絵 柿本幸造
ひさかたチャイルド

あらすじ

　うさぎが小さな椅子をつくり、〈どうぞのいす〉と書いた立て札とともに大きな木の下に置いて立ち去る。そこへ通りかかったろばが、立て札を見て、背中に背負っていたかごを椅子の上に置き、つい木にもたれて昼寝してしまう。

　そこへ通りかかったくまは、かごの中のどんぐりを全部食べてしまい、その代わりにはちみつの入ったびんを置いていく。

　次にきつね、その次に10匹のりすと次々にやって来て、椅子の上のものを全部食べ、代わりに自分の手持ちのものを置いていく。長い昼寝から目覚めたろばは、かごの中のくりを見てびっくり。

　感謝の贈りものがリレーしていくお話。

- -

　はるかさんは、6人のグループの中で一番控えめで、思ったことをすぐには口に出せない、それでいて内に秘めた感情にはとても熱いものを感じさせる女性でした。幼い息子さんが興味をもって聴いてくれるようにと、最初は車が主人公の絵本を選んでいたのですが、声に出して読むうちになんだか自分にはしっくりこないと迷いに迷い、みんなの推薦もあって『どうぞのいす』を読むことを最後の最後に決めました。

決めてからもその読みの声には、どこかしら自信のなさがうかがえたのですが、突然、「あれっ？　この絵本に出てくる動物たちって、みんな優しくてかわいいと思っていたんですけど、よく考えたらみんな、やらかしちゃってますよね」。それまでのはるかさんのおとなしいイメージに不つりあいな「やらかしちゃってる」という言葉に、みんなドキッとして、彼女が掲げる絵本の中を覗き込みました。

「ほら、くまもきつねもりすたちも、置いてあったものを全部、食べちゃってます。全部食べちゃってから、しまったって気づいて、せめてものお詫びに、自分の持っていたものを置いていってたんです」

　はるかさんのちょっと興奮したようないつもより大きい声。

「本当ですね。この絵本の登場人物たちは、途中で気づいたんじゃなくって、取り返しがつかないとこまでやらかしたあとでハッ気づいて、それでも何か自分にできることはないか考えてるんですね。その考えの結果が次にやってくる人を幸せにしていくんですね」

　私の言葉に、はるかさんが目をそらすことなくうなずいて、にっこり。プログラム開始後、初めてはるかさんの素直な表情をはっきり見た気がしました。この発見以降、はるかさんの読みが変わりました。わが子のために心優しいお話を心優しく読もうとするのでなく、どんなに失敗したってそこからやり直せばいいんだと自分の人生をそこに寄せたエールのような読みがくり返されるようになりました。

「どうぞならば　えんりょなく　いただきましょう」という動物たちのセリフを読むときの屈託ない楽しげな声。そしてその結果、全部平らげてしまい、「でも　からっぽに　してしまっては　あとの　ひとに　おきのどく」と語るときの、とんでもなさを分けもとうとする声。その一つひとつを聴きながら、大丈夫、大丈夫と、いつのまにか応援しているグループみんなの表情がありました。

〈単元5 ワーキングシートCより〉

● メンバーからの応援メッセージ

はるかさんはとっても声が優しいですね。

絵本の内容もですが、声で心が和らぎます。回を重ねるごとに、とってもよくなっていると思います。全体的に少し大きい声を出したほうが、もっとすばらしくなると思います。

――――――――――

「ちいさな」「みじかい」がとてもよかったです。落ち着いた声とテンポでとても癒やされました。きつねさんのパートがとてもよく聴こえました。

――――――――――

はるかさんの優しい声と選んだ絵本がピッタリだと思いました。

すごくゆったりしていて子守唄のようで、心がおだやかな気持ちになれました。お子さんもママの声を聞いて、眠くなっちゃうかもしれませんね。

〈単元6 ワーキングシートDより〉

● 気づきや感想

とてもすがすがしい気分です。うまく読めるかどうか不安だったけど無事に読み終えて安心しました。子どものことを思いながら読んだので、その思いを子どもが受け取ってくれるとうれしいです。貴重な体験ができて本当に良かったです。

● 楽しかったこと・発見したこと

言葉を伝えることの大切さを改めて実感することのできたプログラムでした。他人が読んでいるときは、聴くにつれて次の展開が気になり、私にもまだそんな子どもみたいな部分があることに驚いています。

● 今までとは違う見方

緊張しても絵本を落ち着いて読むことができ、今までの私では考えられない

ことだと思います。人前ではあがってしまい、うまく自分を出せないのですが、このプログラムではそれがなかったので、そういう意味でも自分は成長でき、本当に良かったと思います。

　言葉を大切に伝えられるようになったと思います。聴いているときも、今まで以上に相手の気持ちを考えて聴けるようになりました。心を込めれば、相手に必ず伝わるということを学び、これからの生活では何に対しても誠意をもって取り組んでいきたいと思っています。

●家族に今、伝えたい気持ち

　みんなにたくさん迷惑をかけている私だけど、みんなを思う気持ちは誰にも負けません。今はいっしょに過ごすことは許されないけど、早くみんなのもとへ帰れるよう努力していこうと思っています。

　早く家族みんなの笑顔に会いたいです。

はるかさんへの手紙　　　　　　　　　　　　プログラムを終えて

　録音が終わるまで、いろんなことが心配でドキドキされていたのではないですか？　でも、最後までお子さんのために投げ出さず一生懸命取り組まれた姿は美しく、心に残りました。きっとあなたは、自分が何かすることで、まわりの人に余計な心配をかけてしまうんじゃないかと、気にされたりすることがあるのではないですか？　それで悲しくなることも絶望的な気持ちになることもあるかもしれない。

　でもね、あなたが差し出す「どうぞ」の言葉は優しくやわらかく、どんな人にも、ほっとする場所をつくってくれます。たくさんでなくていいから、あなたの優しい声でどうか一番大切な人を包んであげてください。守ってあげてください。あなたはきっと、それができる人なのですから。失敗しても大丈夫。

　この広い空の下、あなたが幸せになろうと努力していることを、いつまでも覚えておきますからね。そうそう、「迷惑をかけた」と口にされていましたけれど、かけた迷惑は心からの愛でお返しすればいいんじゃないかな。

　絆プログラムに参加してくれて、ありがとう。

Rie

読みあい事例 7

「自分が声を出すときはもう、
相手を傷つけることがないようにしたい。」

（ナナミさん）

くまのコールテンくん
ドン＝フリーマン さく
まつおかきょうこ やく
偕成社

あらすじ
　コールテンくんは、デパートのおもちゃ売り場で、長いあいだ、誰かが買ってくれることを待っている小さなくまのぬいぐるみ。ある日売り場を訪れた一人の少女が彼を気に入るが、母親は反対する。その夜、コールテンくんは無くなった自分のボタンを求めてデパートの中を探しまわり、うっかり立ててしまった物音で警備員さんに見つかりおもちゃ売り場に連れもどされる。
　翌朝、コールテンくんが目を覚ますと、きのうの女の子が自分の貯金を持って再び現れ、彼女の家に迎え入れられる。

　ナナミさんは、おしゃべりの仕方にまだ少しあどけなさが残る不思議な雰囲気の女性でした。メンバーが発言しているときも私が説明しているときも、ニコニコしながら、でもどこかうわの空の感じがして、かと思うと突然「センセイセンセイ、あのね〜」と自分のほうへ話をもっていくような場面が続きました。迷いの中にある子が、物語の森の中をふわふわさまよっている感じとでもいえばよいのでしょうか。

　録音したい1冊も、あれこれ手に取ってはみるものの決めかねているようでした。2回目のプログラムの最後に「センセイ、この絵本ってセンセイならどんなふうに読むんですか？」とナナミさんに聞かれ、請われるまま『く

まのコールテンくん』を少し小さめな声で読んでみました。すると、「すっごくいいお話ですね」と顔を輝かせたので、あぁ、この絵本に決めるのかな？と思いきや、3回目にみんなと読みあったのはやはり別の絵本でした。

　そして4回目の後半に差しかかったところで、録音に向けてメンバー全員がいろいろな質問をしたり練習をしたりする中で、ナナミさんは初めて「実は録音しようと思っているのは『くまのコールテンくん』なんです。もう決めたんです」と打ち明けました。メンバー全員「え？」という顔で彼女を見ました。えへへっと笑いながら「難しいけど、センセイが読んでくれた声を思い出しながらがんばります」と宣言する彼女に、みんなほっとしたようにうなずきました。きっとその「ほっ」の中には、人の話を聞いていないように見えてたけど、なんだ、ちゃんと聞いて心にとめてたんだ、というようなグループ全体の安堵^{あんど}の気持ちが感じられ、うれしくなりました。

　すると、ナナミさんもみんなを見渡しうれしそうに笑ってみせました。この告白の後、彼女は、椅子に浅く座り直し、姿勢が前のめりになり、ほかの人が読んでいるようすをうんうんとうなずきながら聴くようになりました。

　そして、向かい側に座っていたなおさんが『ちびゴリラのちびちび』の中の「おめでとう」というセリフを読みあぐねているのを知ると、パッと手をあげ、「私に向かって言ってみれば？」と提案したのです。「え？　いいの？」とたずねるなおさんに、「うん、任せて」。

　あぁ、いっしょに時間を過ごしながら、初めてみんなのことが見え、みんなも初めてナナミさんのことが見えた瞬間かもしれないなぁと思いました。

　そういうわけでナナミさんは結局一度もみんなの前で読みあうことなく、『くまのコールテンくん』の録音に臨むことになりました。でも、プログラム5回目の予行録音で、彼女が一つひとつの言葉に心を込めて読むその声を聴くと、ひとりぼっちで孤独な主人公のコールテンくんの気持ちがようやく伝わってきました。「はやく　だれかが　きて、じぶんを　うちに　つれて

いってくれないかなあと、おもっていました」。

　彼女も早く誰かが自分の閉じてしまった扉を開けてくれないかと待っていたはずです。コールテンくんが、初めて他者に向かって語りかけたとも読める「ともだちって、きっと　きみのような　ひとのことだね」のひと言。そして最後に「ぼく、ずっとまえから、ともだちが　ほしいなあって、おもってたんだ」。このセリフを口にしたとき、ナナミさんの心の中にも〈きみ〉を探し出そうとする勇気が生まれようとしていたのかもしれません。

　プログラム6回目の録音が終了したのち、ナナミさんはみんなにこう伝えることができました。「初めてすべてを出し切れた気がします。声を出しながら娘に対する愛があふれてきました。コールテンくんのセリフの中に私の本当の気持ちを込めて読みました」。

　さらに彼女の告白は続きました。

「正直、最初のうちは、絵本を読んだくらいで何が変わるのかなと思う部分がありました。でも、言葉ってすごい。声ってすごい。自分が声を出すときはもう、相手を悲しませたり傷つけることがないようにしたい」

ナナミさんへの手紙　　　　　プログラムを終えて

　まだ十分練習していないのに、5回目のプログラムに進んだとき、『くまのコールテンくん』をきっちりしっかり読めていることに感激しました。きれいでまっすぐな声で物語を表現できるということ、そこには、あなたのきれいでまっすぐな心がちゃんと育っています。

　これまでいろんな挫折があったと思うけれど、あなたのお子さんには、誰より美しいものを届けてあげられるあなたです。この先どんなことがあっても、どんなくじけそうな場面にあっても、コールテンくんを抱きしめた女の子のように、お子さんにとってたった一人のかけがえのないお母さんでいてください。あなたならきっとできますよ。どんな嵐にも負けないで!

　絆プログラムに参加してくれて、ありがとう。

Rie

65

「せめて絵本の中から
『おめでとう』って声をかけたかったのになぁ。」

たんじょうびのふしぎなてがみ
エリック＝カール さく・え
もりひさし やく
偕成社

あらすじ
　エリック・カールの楽しいしかけ絵本。誕生日の前の晩、チムの枕の下には不思議な手紙が置いてあった。そこには、チムが冒険すべき道のりが描かれていた。

　▲や●、▮など、謎の図形がちりばめられていて、その意味を解き明かしながら進んでいくと、最後にすてきなプレゼントにたどりつく。

- -

　ゆずきさんは、ちょうどプログラムが終了してCDを送る頃にお子さんの誕生日がやってくるというので、この絵本のタイトルに最初からピンとくるものがあったようです。けれどいざ、自分で読み始めると、暗号のような▲●▮の形をどう読めばいいのか、すっかり考え込んでしまいました。結局「さんかくが　ありますから」「まるを　くぐりぬけ」「しかくを　あけなさい」と描かれた形をそのままに口にして何とか読みつないでいきました。なんだか声に出して読み始める前の浮き立つような表情がすっかり失せて、暗い表情で最後のページを閉じました。そして、「難しすぎます…」。

　あまりに悲しそうな彼女の言葉に、まだそれほど信頼関係の生まれていないグループのみんなが、へぇ？というように、ゆずきさんのほうを見まし

た。でも、そんな雰囲気にも気づかずゆずきさんは「形だけのところ、どう読めばいいのかぜんぜんわかりません。1回じゃなくて何回も出てくるし…」。下を向いてつぶやくゆずきさんに、スッと横を向いたリョウさんが、「じゃ、ヤメレバ」とかすかに唇を動かしました。目ざといエミさんがそれを見つけました。サクラさんが首をすくめました。狭い閉ざされた空間の中、言葉の波紋はたちまちのうちに全体に広がります。私は立ち上がって、「後ろに並んでいる絵本たちをもう一度眺めてみて。今あなたたちのそばにいる絵本は、たまたまきょう選ばれたわけだけれど、それ以外の本も、いつか誰かに読んでもらう日を待って、ちゃあんとそこにいるのよね」。

なぜ、そんなことを言ったのかよく覚えていないのですが、私はそう言いました。きょう読んでみて自分にフィットしなかったからと言って、その絵本が悪いわけじゃないし、きょう選ばれた本が選ばれなかった本よりも偉いわけでもない。何かそういう善し悪しの物差しから外れたところの縁でこの世の中は構成されているような気がふっとしたのです。たぶん、だから力を抜いてもっと気楽にいこうと伝えたかったんじゃないでしょうか。

すると、ゆずきさんが「あ〜、悔しいなぁ。息子の誕生日に聴いてもらいたかったのになぁ。せめて絵本の中から『おたんじょうびおめでとう』って声をかけたかったのになぁ」とぽつり。さっきまでの、絵本に文句を言うような声とは違う声でした。「じゃあ、いいんじゃないの？　マルって読んでもサンカクって読んでも、おもしろければそれで」とリョウさんが、今度はゆずきさんのほうを向いてきっぱり言いました。そのとおりです、と私もほかの仲間たちも心ひそかに拍手しました。

次の回もゆずきさんは『たんじょうびのふしぎなてがみ』をみんなの前で読みました。「読む前から手汗びっしょりです。笑わないでくださいね」と念押しするゆずきさんに、みんなすでに笑っています。リョウさんは無言で彼女を見つめます。

深呼吸して読み始めた彼女は、▲のところを「キュッキュッキュ」と。●のところを「ん～」。▮は「カクッカクッカクッカクッ」というふうに、暗号のような形をすべて効果音に変えて読んでみせました。

「ヘン、ですか？」と心配げにたずねるゆずきさんに、「いい、いい、おもしろい」とみんな。教室が生き生きと、楽しい音にあわせてはずむような空気に包まれました。「ゆっくり読めば、そのへんてこな読み方をもっと楽しめるかも」とサクラさんがアドバイス。「確かに！」とエミさん。「へんてこな読み方」という愛ある表現に込めたサクラさんの心遣いにも感心しました。

　どうなることかと思ったこのグループのチームワークは、こんなふうに不思議な感じで育っていきました。最終録音のときには、ゆずきさんの迷いもすっかりふっ切れ、「ぐぃ～ん」「タンタンタンタン」と効果音のレパートリーもさらに増えていました。「たいへんだったけど、楽しめました。みんなのおかげです」と、読み終えたゆずきさんの声は晴れやかでした。

　誕生日を迎える息子さんをお祝いできたゆずきさん、おめでとう！

ゆずきさんへの手紙　　　　　　　　　　プログラムを終えて

　道をふさぐ大きな石にもひるまず、最後には不安なドアも自分の力で押し開けて、最後にすてきな贈りものにたどり着くことができましたね。お子さんの成長を祈って精いっぱいの「おめでとう」を絵本読みの声に託すことができた…それがあなたへの「おめでとう」でもあります。あなたが生まれてきたこと、あなたがここまで傷つきながらも歩いてきたことは、決して無駄ではありませんよ。あなたが努力していることが、その声によく表れています。

　今回、難しい絵本をあきらめずに読み進められたことを、この先、ご家族を守るあなたの強い心の支えにしてくださいね。

　あなたの生み出した効果音は、他者をほっとさせる不思議なマジックでした。あなたの笑顔が大きな空の下、いくつも咲くことを祈っています。

　絆プログラムに参加してくれて、ありがとう。

Rie

読みあい事例
9

（ももかさん）

「どうして、
　今まで気づかなかったんだろう?」

そらまめくんのベッド
なかやみわ さく・え
福音館書店

あらすじ

　そらまめくんは、自分のふわふわベッドが大のお気に入り。誰に頼まれても貸してあげない。ところがある日、そのベッドが見当たらない。最初は「ぼくらに　ベッドを　かしてくれなかった　ばつさ」と無視していた仲間たちも、そらまめくんの落胆ぶりを見て気の毒になり、自分のベッドを貸してあげると申し出るが、どのベッドもそらまめくんのからだにはあわない。

　そんな中、うずらの母鳥が自分のベッドを卵をあたためるのに使っていることを知り、しだいに自分がそのベッドを使うことよりも、そのベッドで無事に卵が孵ることを応援する気持ちに変わっていく。

- -

　ももかさんは、保育園に通うわが子が、やさしい気持ちの子どもになってほしいという願いで、最初は『やさしいライオン』という絵本を選んでいました。でも実際に読んでみると、鉄砲でズドンと撃たれてしまう悲しい場面があったことで、「もっと明るくてやさしい気持ちになれるほうがいい気がします」と、この絵本への変更を申し出ました。「実はこの絵本、家で娘に1週間に3回くらい読んでいたんです。だから、あっ!　これはお母さんといっしょにおったときに読んでくれてたなあと、思い出してくれたらいいか

なと…」と、気持ちを切り替えてこの絵本に挑戦する決意を、まっすぐ伝え
てくれました。

「へぇ～、1週間に3回も…」という、ちょっとした驚きと羨望の入り混
じったような空気が教室の中に流れました。そんな空気に気づくことなく、
ももかさんは、『そらまめくんのベッド』を、それは上手によどみなく読み
ました。セリフのところは、それぞれのキャラクターを意識して声を使い分
け、強弱もストーリーの盛り上がりに合わせてつけることがちゃんとできて
います。みんなの感想も「すごく上手です」と読み方を讃えるものばかり。

　でもなぁ～と、私には、何かが引っかかっていました。何かの正体は漠然
としているのですが、そこに、ももかさんがいないような…。でもそんなあ
いまいな感想を言っても、おそらく彼女には読みを否定されたとしか受けと
められないだろうと思い、しばらくそのまま練習を続けてもらうことにしま
した。

　ところが、3回目のプログラムのときのことです。ベッドをなくしたそら
まめくんのことが気の毒になって仲間たちが自分のベッドを貸してくれたの
に、「えだまめくんの　ベッドは──ちいさい。」「さやえんどうさんの　ベッ
ドは──うすい。」と語られる場面で、メンバーの一人が「そんな言い方は
ないやろ、せっかく貸してくれたのに」とつぶやいたのです。ももかさん
が、読むのを一瞬止めて、つぶやいたメンバーの顔を見ました。「あ、いや、
ごめんなさい。そらまめくんがあまりに自分勝手なもんで、つい」と口ごも
るメンバーに、ももかさんはじいっと考えているふうでした。

　沈黙が流れました。そして「私の読み、違ってたかも」と言いました。
「自分はこれまでわがままばっかりしてきたんだから、みんなにシカトされ
たって仕方ないのに、こうやってベッドを貸してくれようとしてるんだ
から、絶対、『ありがとう、これまでごめんね』の気持ちになるはず。どうし
て今まで気づかなかったんだろう」。ももかさんの言葉にみんな、しーんと

なりました。

　それはまさしく、ここにいるみんなの過去と未来のはざまに立つ今の心境でもあったからでしょう。「じゃあ、『せっかく貸してくれたのにごめん。でもやっぱりぼくには小さすぎる』っていう気持ちで読んでみようか？」と、もちかけてみました。ももかさんが「やってみます」と答えてくれました。「がんばって」とみんな。今まで自分たちよりも上手だからと遠慮していたのか、彼女に対しては誰も口にしなかった「がんばって」のエールが、初めてこの日、教室に響きました。

- -

　この日のプログラム終了後に、ももかさんが心理担当の先生のインタビューに答えて語ったことの一部をご紹介します。

――どんなことに気づかれましたか？

　　ただ単に、絵本をこう…文字を読むんじゃなくて、声を届けるというか、気持ちを子どもに届ける？のがすごい良い贈りものになるんだなぁと思いました。内容もさることながら、やっぱり私たち母親の声でというのが…。

　　ここに来て受刑者生活を送る中で、もっとなんかこうポジティブになれてる自分がいて…同じ絵本を読んでみたら、なんか、あっ！　こういう内容だったんだぁと新たに気づいた部分があったんですよね。なんていうのかなぁ、こう、わがままな主人公で終わっていたのが、実はそうわがままじゃなくて、それを通り超えて、お友だちから助けてもらって、また今度は何かお友だちにこう愛情を返してあげてというようなこう…ステップアップするその主人公の気持ちとかをその当時はぜんぜん気づけなかったんですね。

　　昔は、読んでください、お母さん読んで！と言われて、はいってこうただ単に文章を読んでただけだったんだと思うんですよね、それなりに当時も主人公の声とかも変えてがんばってたんだけど…。

ももかさんへの手紙　　　　　　　　　　　　　　**プログラムを終えて**

　一番最初にお会いしたとき、このプログラムをどう受け入れていこうかと、お一人の胸の内でいろいろに考えられているように見受けられました。2回目にお会いしたときには、絵本のディスプレイでみごとなバランス感覚と目配りを拝見し、あ〜、物事を選り分ける判断力が優れておられるのだなぁ〜と感心しました。そして3回目、主人公のそらまめくんが、ほかのまめたちに向けたわがままが少しずつ思いやりに変わっていく過程を見守り育てる声で読んでいくということを深く理解してくださいました。

　それはとても難しい読みだったのですが、あなたは、あなたの声で世界を見つめ、赦し、つながり直すことを、ためらわずにやってのけました。こんな強くてやさしい母親をもったお子さんが、幸せになれないわけがありません。

　こののち、絆プログラムで、ご自分の孤独な心を支え、他者のためわが子のために新しいまなざしをもち続けたことを誇りに思って生きてください。他者に寄りかかることがあまり得意ではないかもしれないあなたですが、どうかその賢さを、他者を愛することに用いてくださいね。

　あなたに会えて、本当によかった。ありがとう。

　　　　　　　　　　　　　　　　　　　　　　　　　　Rie

読みあい事例
10

（よしえさん）

「これまで途中であきらめてばかりだったから、
子どもに届けるこの気持ちだけは、
あきらめたくないんです。」

いろいろごはん
山岡ひかる
くもん出版

あらすじ
　「ごはんよ　ごはん　なにに　なる？」と
いう語りかけに応じて、炊き立てのほかほか
のごはんが、いろいろな料理に変身する。お
にぎり、海苔巻き、お茶づけ、雑炊、チャー
ハンと次々においしそうな料理が登場し、調
理にかかわるオノマトペとともに幼い読者
の五感を刺激する。

- -

　よしえさんは、初回から、子どものことを想い語るたびに言葉を詰まらせ
涙ぐんでいました。まだうんと小さいわが子には、いったいどんな絵本を読
めばいいのか不安でたまらないようすで、私のアドバイスを求める気持ちが
強く、どうしても「これを」という1冊が選べずにいました。
「赤ちゃんにとって一番興味を引く形は、マルの中にマルがあるもの。ほ
ら、鍋のふただってマルの中にマルがぽっちり。おっぱいに似てるから大好
きなんだよ。チューチュー吸ったりしてるの見たことない？」と言えば、グ
ループのみんなは、「なるほど、そういうことだったのか」とうなずいてい
るのに、よしえさんだけは、もう目にいっぱい涙を浮かべています。
　それでも絵柄がシンプルで、リズムもあり、マルの中にマルではないもの
の、一つずつの料理の真ん中にちょこんちょこんと目がついている『いろ
いろごはん』を何とか自分で選び出すことができました。

でも、いざ声に出してみると、緊張しすぎて異様に早口。しかも「ぎゅう　ぎゅう　まきまき　ころりんこ」だとか「はっふはふ」だとか、日頃言い慣れないオノマトペに大苦戦。つっかえつっかえ、なかなか一つずつの変身がうまくいきません。薄い肩を落として、はあっ、とため息をつく彼女が「もうだめです」と絵本読みを投げ出してしまわないか、内心ドキドキしていました。
　でも、彼女はあきらめませんでした。
「これまで途中であきらめてばかりだったから、子どもに届けるこの気持ちだけは、あきらめたくないんです」とまたまた涙ぐみながら語るよしえさんに、斜め前に座っていたみつきさんが、「こういうふうに、ちょっと踊りながら読んでみたら、リラックスできておいしく読めるかも」と言いながら、体を揺すってみせました。「♪ぎゅうぎゅう　まきまきぃ　ころりんこぉ〜」。ほかのメンバーもあとに続いて、「♪ぎゅうぎゅう　まきまきぃ　ころりんこぉ〜」。泣き顔だったよしえさんも、つられて笑っています。体をほんの少し左右に動かしながら。「そうそうその調子」とおいしく読むためのダンス講座は、私も初めての経験でした。
　それから、よしえさんは、ぎこちなくはあったけれど、精いっぱいおいしいダンスを試みながら、オノマトペの問題をクリアしていきました。そして、いよいよ次回は録音という段になって、彼女から「もっと何か、もしかしたら、もっと子どもに優しく読んであげる方法はないでしょうか？」と質問が出ました。言われてみれば、確かにこの本での親と子のやり取りといえば、「ごはんよ　ごはん　なにに　なる？」という呪文のような問いかけに対し、「なったよ　なった」という誇らしげな変身完了の声、というだけで終わってしまいそうです。
　わが子に対するいろいろな思いをすべて込めてこの絵本を読もうとしたよしえさんにとっては、どこかもの足りなさが生まれつつあるのかもしれませ

ん。そこで、「なったよ　なった」のところを「なったよ　なったね」という語りあいの言葉に変えてみたら？と提案してみました。本番の録音まであまり時間がないし大丈夫かな？と心配ではありましたが。案の定、「私にできるでしょうか？」と、よしえさんはとても不安な表情で考え込んでしまいました。見かねて私より先にみんなが、「いいよいいよ。今のままでも十分いけるよ」とフォローしてくれました。

　さて本番当日、彼女はきりりとした表情で、もうメソメソなんかしていませんでした。くいっと背を伸ばして教室に入ってきた彼女の姿を見て、あれっ？よしえさんって、こんなに背が高かったっけ？と思ったほどです。いざ録音が始まるとよしえさんは、ていねいに優しく、それでいてオノマトペは楽しげに読み進め、「なったよ　なったね」と、お子さんと二人の語りあいを私たちに見せてくれました。

　読み終わるとみんなの拍手の中、「子どもへの愛情があれば、なんだってできるんですね」と笑ってみせました。

よしえさんへの手紙　　　　　　　　　　　　**プログラムを終えて**

　ずうっと、泣き虫よっちゃんだったね。でもその涙の奥には、深い深い愛があって、会いたい会いたいお子さんがいることを痛いほど感じました。

　きっと、こんな私なんて…と自分を責めてしまうことも多いんじゃないかと思いますが、お子さんを想う気持ちは誰にも負けないよね。

　そしてあなたのお子さんには、ほかの誰でもないあなたしか、お母さんはいない。ほかの人ではだめなんです。そのことを一生懸命大事にして『いろいろごはん』のように、「いろいろ楽しい毎日」を家族でつくってくださいね。

　あんなに練習したんだから、「はっふはふ」のあったかい心をもち続けることができるあなただと信じていますよ。

　絆プログラムに参加してくれて、ありがとう。

Rie

「わたしも、こんなふうに
　言ってもらいたかったなぁ。」

いいから いいから3
長谷川義史
絵本館

あらすじ

　ぼくのおじいちゃんは超楽観的で口癖は
「いいから、いいから」。ある日ぼくの家に
ひょんなことから貧乏神がすみつく。それ以
来トラブル続きだが、おじいちゃんは一向に
気にするふうもなく、貧乏神を追い出そうと
する気配もない。

　とうとう家族の優しさに心打たれた貧乏
神が自ら家を出ていき、代わりに福の神が
やってくる。

　けれど、彼がしょっていた袋を開けてみる
と、出ていったはずの貧乏神が現れる。そこ
そこの生活が一番だと、すべてを受け入れる
おじいちゃんと一家の日常をユーモラスに
描いている。

- -

　れいさんは、第1回目の90分のあいだ表情を変えず、かと言って、しら
けているふうでもなく、じっと人のようすを観察していることがほとんど
だったように思います。姿勢がよく、遠くを見据えて静かに着席しているの
で、ちょっとそこだけ咲きかけの桜の木が1本あるような雰囲気もありまし
た。メンバーのチャレンジに対する積極的なコメントはあえて差し控えてい
るようで、意見を求められても少し微笑んでうなずくだけでした。

　そんな彼女がいったいどんな絵本を選ぶのだろうと思ったら、なんと関西

テイスト満載の『いいから　いいから３』。彼女がこの絵本を黙って掲げて見せたとき、どんなことになるんだろうかとドキドキしました。

　ところが表紙をめくるやいなや、そこはもう圧倒的なれいさんワールド。
「あるひ　さんぽしていると、きったない　じいさんがいた」
「あるひ」とれいさんが言えば、その日はもう何を差しおいてもその日に目を向けずにはいられないような存在感のある１日が見える。れいさんが「きったない」と言えば、それだけで煤や泥がこびりついたさまが浮かび、「じいさん」と語れば、もう何年も人と交わらずにひとりで生きてきたようなやせ型の老人が立ち現れる。みんな、れいさんの語る一家の物語にぐいぐい引き込まれていきました。

　最後のページが閉じられると、ほお〜っとため息が漏れ、「すごい」とみんなそれしか言葉が出ませんでした。でも、読み終わるとまた、感情を表に出さない１本の木にもどってしまうれいさん。彼女にはどう読みの指導をすればいいのか、困りました。読み方に過不足なく、絵本の解釈に拙さがあるとも思えません。

　ところが、プログラム４回目の最後に、「いくところが　ないんです。わたし……」と打ち明けた貧乏神に「そうですか、かみさまですか。いいから、いいから。よかったら、うちに　きませんか」とおじいちゃんが誘いかける場面を声にしたあとで、読むのをやめ、「わたしも、こんなふうに言ってもらいたかったなぁ」とひと言つぶやいたのです。

　ハッとしました。よりどころのない心もちで震えている者にとって、「いいから、いいから」が口癖のおじいちゃんは、おじいちゃんそのものが居場所だったにちがいありません。傷ついたれいさんの幼心が、ずっと何を求めていたのか、そのときやっと見えた気がしました。

　その日のプログラムが終了し、退室の順番を待つあいだに、れいさんが「あんなこと言ってしまって…子どもの私にもどってしまっている自分に

びっくりしました」と私の顔を見て言いました。今までで一番長い彼女の言葉だったように思います。「いいんじゃないですか？　絵本の中でもおじいちゃんの『いいから、いいから』パワーで救われているのは、貧乏神や福の神だけじゃないみたいですし」と私は、絵の中にこっそり描かれているいろいろな人物の立ち直りの物語を指で示して見せました。彼女は「わぁっ、ほんとですね」と小さく声をあげました。「もっと、よく見なきゃもったいないですね。この絵本」とうれしそうな表情で彼女は部屋を出ていきました。

　本番の録音も、いつもと変わらず落ち着いた声で、臨場感のある読みをしてみせた彼女ですが、一つだけそれまでと違っていたことがあります。それは、会社が倒産したお父さんが自分で屋台を完成させ、ラーメンを売りに出発するその姿が描かれた最後の場面を、広がる青空を見上げるようにして、しばらくのあいだ閉じることなく眺めていたことです。

れいさんへの手紙　　　　　　　　　　　　　プログラムを終えて

　黙って椅子にすわっているあなたの姿に、あぁ、この女性はどれだけの孤独に耐えてここまできたのだろうと、何度も胸が熱くなりました。本当にやりたいことや夢見たことがいっぱいあるんだろうなぁと。でもその孤独をバネにしたあなたの絵本読みは、とてもすばらしかったし、じんとくる力をもっていました。

　絵本にあったように、貧乏神と福の神は、意外に表と裏みたいに近くにいる。そして、どっちにも肩入れせず、小さな幸せを確実に子どもといっしょにつくっていく。そんな人生をあなたなら、これから必ずつくれます。信じています。

　まわりの騒音にふりまわされることなく、あなたらしくどうどうと歩んでください。つまづきそうになったら、泣きたくなったら、私がどこかで「いいから、いいから」と笑っていること、思い出してね。

　絆プログラムに参加してくれて、ありがとう。

Rie ♡

読みあい事例
12

（くみさん）

「どうか今のうちに、
　つかまえてあげてください。」

ラチとらいおん
マレーク・ベロニカ ぶん、え
とくながやすもと やく
福音館書店

あらすじ

　ラチは、泣き虫で、世界中で一番弱虫の少年だったが、小さな赤いらいおんと出会い、ふたりでいることによって、少しずつ勇気をもてるようになる。

　ある日いじめっこの少年がみんなのボールを奪って逃走したので、ラチは必死に立ち向かっていく。知らぬ間に自分の力で前へ進むことを覚えたラチに、愛情ある手紙を残し、赤いらいおんは去っていく。

　教室の後ろにずらりと並べられた色鮮やかな絵本たち。くみさんは、ちょっと気後れしたように腕を後ろに組んだまま、遠目に眺めていました。ほかのメンバーたちが、わが子のためにどれが一番いいだろうと、机に体をくっつけるようにして絵本を探す姿と、とても対照的でした。やがてくみさんは1冊の地味な表紙の小ぶりな絵本を後ろのほうから伸ばした手でひょいとつかみました。それが『ラチとらいおん』でした。

　暗い表紙の中央に描かれている金髪の少年と赤色のらいおんの絵。彼女はその小さならいおんを指でくるくるっと撫でると、ほかのメンバーはまだ決めかねて、机の前を行ったり来たりしているのに、一人だけ『ラチとらいおん』を抱えて、さっさと席にもどりました。彼女と絵本との初めての出会いのシーンです。

さて、開始された絵本読み。くみさんはこの絵本を選んだ理由を「なんとなく」としか説明しませんでした。でも、彼女の声に耳を澄ますと、赤いらいおんがラチに語りかける「きみも　つよくなりたいなら」というセリフに特別、力が込められていることに気がつきました。ひとりぼっちだと感じる自分の心をもっと強めたい、みんなの輪の中に入り込むことよりも、ひとりで生きていくことへの強さがもっとほしい、そんなふうに身がまえ、受刑の中でも自分を守っているのかもしれません。

　あまりまわりと意見を交わすことなく黙々と練習を続けていき、少しずつ声は大きく聞きやすくなっていきました。簡単に近づいてこないでという彼女の無言のメッセージのせいか、みんなからの感想も「はっきり読んでくれるので、よくお話が伝わってきます」というような遠慮がちなものにとどまっていました。子どもにどうこうというよりも、彼女自身の苦悩がどう乗り越えられるのか、私にもわからないままに、たったひとりでもっと強くなろうとしているくみさんの声を聴き続けました。

　4回目の練習のときです。いじめっこの少年のっぽがみんなのボールを奪って逃げるのですが、その逃走途中で、身に着けていた帽子とえりまきとハンカチが地面に落っこちます。そしてラチに「こっちだよ」とのっぽの行き先を教えるのです。「こっちだよ」と語るくみさんの声は、とってもヒリヒリしていました。きっと帽子もえりまきもハンカチも持ち主の乱暴さに愛想をつかしていたんだろうなと思わせる声でした。思わず「わっ、チクった」と誰かがささやきました。「チクる」という言葉に、教室の空気が一瞬ぺたっと沈みました。くみさんは、かまわずそのまま読み続けました。くみさんが本を閉じたあと、私は、「本当にのっぽの帽子やえりまきは、のっぽのことが嫌で居場所をチクったのかな？」と聞いてみました。みんなは、え？というように顔を見あわせました。誰も私の問いかけに答えませんでした。くみさんも黙っていましたので、この話はそこまでになりました。

　5回目は、予行録音。マイクを通した絵本読みが始まりました。絵本読みをする人の隣に私が座り、彼らの読みのテンポにあわせてページをめくっていきます。くみさんの番がきました。彼女は両手のひらをぎゅっと握って膝の上に置き、胸を突き出すようにしてページの中の言葉を声にしていきます。ラチに心を寄せ、ラチの成長についていこうとするくみさんの並々ならぬ気迫が感じられ、私も緊張しながらページをめくっていきます。

　さて、ラチがいじめっこ少年を追跡する場面に差しかかりました。帽子とえりまきとハンカチが落ちています。突然、くみさんが右手で私に、「待って」のしぐさをしました。ひと呼吸ありました。彼女は震える風のような声でゆっくり、「こっちだよ」と言いました。これまでとまったく違うその声に、ページをめくるのを忘れてしまいそうでした。くみさんが私を見ました。私もくみさんを見ました。絵本読みは続きました。

　終了後、グループのみんなが、「きょうのが一番よかったと思う」とくみさんに感想を告げました。その感想に彼女は「だいぶ考えました」と短く答えていました。よかった、ラチといっしょにくみさんも成長している！と思いました。

　本番の録音でくみさんが聴かせてくれた読みには、らいおんがラチに寄せる温かい見守りの思いだけでなく、帽子やえりまきやいろんな周囲の者たちの目立たない祈りのようなものが感じられました。くみさん自身が「やりきった」というような表情で次のように語ってくれました。

「いろいろ考えて『こっちだよ』っていうセリフの前に心の中で、『どうか今のうちに、つかまえてあげてください』って言うようにしました」

　これまで彼女のまわりは、すべて信じられない敵ばかりに見えていたかもしれません。でも、心と身体のこわばりを捨ててもう一度まわりを見渡せば、そこには、信じるに足る何かがふいに見つかることもある。そんな日が彼女に訪れますように——祈らずにはいられませんでした。

くみさんへの手紙

　いつも、しゃんとした姿で、まっすぐにプログラムと向きあってくれたあなた。きっと不器用なくらい自分の感情に正直で、これまで、たくさんの憤りと向きあってこられたのでしょうね。あなたが『ラチとらいおん』を読みながら「つよくなりたいなら」という言葉を口にされるたびに、「強くあるため」にどれほどのつまずきや苦しみを乗り越えてこなければいけなかったのだろうと、あなたの見えない苦しみを思いました。一生懸命は、ときどき、誤解されたり損をしたりすることもあるけれど、一生懸命の足跡はちゃんと残ります。そして、大事な子どもたちが、その足跡を覚えていてくれるはずです。何をどれだけやったかではなく、何をどれだけやろうと努力してきたかを見届けてくれる子どもたちがいます。

　本読みに注いだあなたの勇気、これもりっぱな愛情の足跡です。どうか、安心して、肩の力を抜いて、本当に豊かな道を選び、歩いていってください。心から応援しています。絆プログラムに参加してくれて、ありがとう。

Rie

読みあい事例 13

（りささん）

「がんばります。
　いつか、のために。」

いつかはきっと…
シャーロット・ゾロトフ ぶん
アーノルド・ローベル え
やがわすみこ やく
ほるぷ出版

あらすじ
　主人公の少女エレンは、夢がかなうすてきな日がいつか訪れることを夢見て、ちょっぴり悔しいきょうの日を前向きに過ごしている。
　自分の夢は自分でかなえるという小さな決意が、見開きごとに広がる「いつか」の予想図の中にていねいに描かれている。

　りささんは、そばにいてあげられない自分のことをわが子がどう思っているのか心配だと、わが子との心の距離をしきりに気にしながら、あれでもない、これもちょっと…と絵本を決めかねていました。それでも素直に心情を吐き出す彼女の姿は、グループのみんなにとって自分の心の代弁をしてくれているようでもあり、気づいたらみんないっしょに、彼女と子どもにとっての1冊を探していました。『いつかはきっと…』は、最初そんな中の候補の一つにすぎませんでした。

　　いつかは　ね……

　　バレエのおけいこに　いくと

　　バードせんせいが　おっしゃるの。

　　「エレンを　ごらんなさい　あの　じょうずなこと」

　声に出して読みながら、りささんが、フフッと笑います。今はうまく踊れ

なくて叱られてばっかりなんだ、と主人公の気持ちをたどっているのでしょう。読み終えると、「いい絵本ですね。かわいいし」と言いつつ、「でもこれが一番いいかどうか…」と迷っているようす。4回目、次回は録音の予行だというのに、まだ、『いつかはきっと…』が、わが子にとって一番ふさわしいかどうか、決心がつかないようで、並べられている他の本のほうをチラチラと見やったりもしていました。そこで、「このエレンっていう子がどんな子なのか、一つずつのページをよく見ると、わかってきますよ」と、話しかけてみました。

　言われるままに彼女はみんなのほうへ向けてページをめくり直しました。すると、メンバーの一人が、「あ、ブルドッグにご飯をもって行くトレイに、ちゃんと花瓶の花がある」と発見しました。ほんとだ、とみんなといっしょにりささんものぞき込みます。続けて、「あたし」に向けた小包みひと箱がどさっと届く場面を見て、「すごい、この子って本を読むのが大好きなんだ」とまた別のメンバーが新たな発見を口にしました。りささんが絵本を自分のほうへ向け直して、しみじみ見入っています。「ぜんぜん気づかなかった…」。

　そこでつい、「表紙からもう一度よく見て。この子は、自分で自分の畑を耕す道具を運んで、SOMEDAY っていう自分の木に、自分で水をやってるよ。楽しそうにね」と言わなくていいような解説をしてしまいました。ちょっとお節介すぎたかなぁ、この絵本を読ませようとさせられた感があったかなぁと反省しながら迎えた5回目、なんと彼女はトラブルを起こして欠席を余儀なくされてしまいました。「なんか、いつもと感じが違いますね」と誰かがぽつり。一人欠けるということの居心地の悪さをみんなが感じていました。ワーキングシートCに、本番に向けたメンバー全員への応援メッセージを書く段になって、私が何も言わないのに、彼らはそこにいないりささんへの応援メッセージをちゃんと5枚目のシートに書き込みました。
「本番には、りささんも出てこれますか?」という質問に、「それはわから

ないけれど、あなたたちのメッセージはちゃんと届けてもらいますからね」
としか、私は答えられませんでした。が、「どうかどうか、ここへもどって
来られますように」と祈るような気持ちでした。それはきっと、プログラム
に関わったスタッフ全員の思いでもあったろうと思います。

　運命の6回目、彼女は教室にやってきました。「全員できょうを迎えられ
て、よかったね」と言うと、みんな、互いを見あってうれしそうです。りさ
さんが「心配かけてごめんなさい」と小さな声で言いました。そして「もう
だめかと思ったけど、みんなのメッセージにすごく励まされました」と頭を
下げました。涙ぐんでいました。よっぽど苦しかったのでしょう。りささん
は、『いつかはきっと…』をしっかり胸に抱いて録音のための席に着きまし
た。録音開始の GO サインが出るのを待ちながら、「がんばります。いつか、
のために」と、りささんが、きっぱりした声で言いました。

〈単元5 ワーキングシートCより〉
●メンバーからの応援メッセージ

　きょう、りささんに会えなかったのが少し寂しかったです。あたし、りさ
さんの笑顔が好きだから、その笑顔、ちびちゃんに早く見せられる日来るこ
と願ってる。SOMEDAY 信じて…お互いがんばろうね。

　きょうの予行には来れなかったけれど、次回の本番では、りささんの
SOMEDAY 聞けるの楽しみにしています。りささんの愛がたくさん込められた
SOMEDAY は、きっと子どもの心に届くはず…がんばってね。

　きょうはマイクを使って録音練習したよ。りささんの SOMEDAY、次回聴け
ることを願ってます。いろいろあるけど FIGHT だよ！
　本番みんなでがんばろうね。

85

りささんの SOMEDAY を前回聴いて、優しい声に癒やされました。子どもも絶対喜んでくれると思うから、いっしょに楽しく絵本読もうね。

りささんの SOMEDAY、とても良いと思うので、お子さんも喜ぶと思います。みんなも練習して気持ちを込めた 1 冊を子どもに届けたいとがんばっています。りささんもお子さんのためにいっしょにがんばろう。

〈単元 6 ワーキングシート D より〉

●録音を終えて

とてもすばらしい時間を過ごせました。これで最後なのがすごく寂しいです。絆プログラムに参加させていただいて、心より感謝しております。

このメンバーで過ごしたことは、一生の思い出です。

●気づきや感想

みんな、一生懸命、気持ちを込めて子どもたちのために絵本を読む姿が、愛情の深さを表しているなと感じました。

●楽しかったこと・発見したこと

みんなにあえることが、何よりうれしい。

先生の優しさが、とてもうれしいです。　出会えて良かった。

●今までとは違う見方

個性があるというのは良いなと思いました。

みんな、それぞれすばらしい。

●家族に今、伝えたい気持ち

もう絶対、離れない。家族の幸せが私の幸せ。

家族がつらいことは、私が全部代わりになってあげる！　病気になったときは、全部私にうつしていいよ！

りささんへの手紙　　　　　　　　　　　　**プログラムを終えて**

　　せっかくせっかく一生懸命がんばってきたのに、第5回目のプログラムに参加できないことになり、どんなに悔しかったことでしょう。グループのみんな、あなたの美しい声を思い出し、あなたの恥ずかしそうな笑い顔を思い出し、いなくてもここにいる、と感じていました。

　　絵本選びもずいぶん悩みましたね。それだけ真剣にお子さんのことを考えておられるのだと、あなたの一生懸命さが、心に残っています。

　　SOMEDAY を夢見て、SOMEDAY のために、いつかはきっと、いつかはきっと、と努力されるあなたをどこまでも見ていたいです。

　　プログラムが終わっても、ずうっと応援しています。ちゃんとやらなきゃ、に苦しめられ、自分を傷つけてきた歴史をふり払って、あなたにとびきりのSOMEDAY が来ますように。あなたに出会えてよかったです。

Rie

「そんなことしてるヒマなんて、
　ありませんでしたから。」

しろくまちゃんのほっとけーき
わかやまけん 作
こぐま社

あらすじ
　しろくまちゃんがおかあさんといっしょにホットケーキを焼き、こぐまちゃんを招いていっしょに食べ、おいしかったね、とお片づけをするまでのようすが生き生きと描かれる。特に見開きいっぱいに、ホットケーキが焼けていく過程が描かれる場面が子どもたちを魅了する。

　初めての日、教室にやってきたあけみさんは、後方にずらり並んだ絵本たちを見て、「わっ」と目を輝かせました。プログラムの説明が始まっても、早く後ろの絵本を読みたくてたまらないといった落ち着かないようすでした。「さあ、それでは後ろの本を自由に見て、自分の声で読んでみたいと思う絵本を選んでください」と言われるやいなや、さあっと誰よりも早く絵本たちの前に立ちました。そして「これ、この絵本、確か園で読んでもらったことがある」と、まるで子どものような満面の笑みで、オレンジ色の表紙が目立つ『しろくまちゃんのほっとけーき』を手に取り、私に見せてくれました。「よく覚えてましたね。で、お子さんにも読んであげたことが？」とたずねると、「ありません」とあっさり首を振りました。残念そうなようすも恥ずかしそうなようすもありません。
「そんなことしてるヒマなんて、ありませんでしたから」
　悪びれるようすもなく彼女の口をついて出た「そんなこと」…子どもと

いっしょに生きるためギリギリの生活を送っていた彼女にとって、絵本を読むということは「そんなこと」だったにちがいありません。ですから、この場所でこれから経験するのは、何ともぜいたくなことなのです。ゆっくりじっくり味わってね、と願いながら彼女の絵本読みを聴かせてもらったのですが、これがなんとまぁ、あっというまに終了。

　メンバーの誰もがまだぎこちない読みをしていたのですが、それでも「はやっ」と思わず驚きの声が漏れたほどです。でもあけみさんは、けろりとしています。「ここ、読むの、ちょっと恥ずかしいですね。聴くのは大好きだったんだけどなぁ」と、ホットケーキのタネをフライパンに落として焼くシーンを広げて見せました。

　　ぽたあん　どろどろ　ぴちぴちぴち　ぷつぷつ　やけたかな　まあだまだ
　　しゅっ　ぺたん　ふくふく　くんくん　ぽいっ　はい　できあがり

　この絵本で一番楽しい場面です。確かにオノマトペのオンパレードですから、表現が難しいと言われればそうかもしれません。「じゃあ、ここに見えないフライパンを用意するから、そこにボウルの中のホットケーキのタネを流し込んで焼きながら、もう一度声に出してみて」ともちかけると、「え〜!?」。

　このプログラムを開始して以来、アドバイスをして「え〜!?」と叫ばれたのは初めてです。そのストレートさに、子どもにというよりも、まだまだ子ども時代の自分をちゃんと生き切ることができていないんじゃないかと思いました。園で読み聞かせをしてもらったということが唯一の大事な甘い記憶だとしたら、まず彼女自身に声でしっかり愛される経験をさせてあげたいと考え、「じゃあ、私があけみさんにホットケーキを焼いてあげるね」と言いました。

　私は絵本を受け取り、「ぽたあん　どろどろ〜」と、彼女のために慎重にホットケーキを焼き始めました。こがさないように、ゆっくりふんわり中ま

で火が通るように…待っててね、もうじき焼けるからね、と彼女の顔を見や
りながら、焼いていきます。あけみさんは、顎を少し前に出してうっとりし
た顔で待っています。

　　ふくふく　くんくん　ぽいっ　はい　できあがり

　彼女が両手を前に出し、何ともうれしそうな顔で、確かに、焼けた1枚を
受け取りました。私はまた、「ぽたあん　どろどろ〜」と読みをくり返しま
した。あけみさんが、え？という顔をしました。私はかまわず、ていねいに
おいしいホットケーキを焼きます。

　　ふくふく　くんくん　ぽいっ　はい　できあがり

　はい、2枚目、どうぞ。そして、3枚目。私はくり返し「ぽたあん　どろ
どろ〜」と読み続けました。「先生、まだ焼くんですか？」と、あきれたよ
うなあけみさんの声。4枚目を焼き終わってから、私はページをめくりまし
た。

　すると、あけみさんが「そっか！　ここ、お皿に焼けたホットケーキ4枚
のってる！」。屈託ない子どもの声でした。その声を聴きながら、私も何と
もいえない幸せな気持ちになりました。本来読みあいは、聴くほうだけでな
く、声を出して語るほうもいっしょに心を渡しあい通じあわせる過程を味わ
うものなのです。上手に読むことばかりに気を取られていては味わえない、
至福の時を今、私も味わわせてもらっているなぁと実感しました。そして、
この幸せをあけみさんにも、親の立場で味わってもらいたいと思いました。

　次の回、みんなの前でこの絵本を読む前に彼女は、「私も先生みたいに何
回も読んでいいですか？」と恥ずかしそうに聞いてきました。「どうぞどう
ぞ。私のようにじゃなく、あなたの気持ちのままに自由に読んでください
ね」と言うと、こっくりうなずきました。そして、オノマトペにつまずきな
がらも、一生懸命一生懸命、ホットケーキを焼き続けました。

　すると、ほかのメンバーの耳がだんだん研ぎ澄まされてきて、「今のまだ、

ちょっと生焼けっぽいんじゃない？」とか「あれ、それじゃ焼きすぎよ。こ
げくさい」と楽しげに伝え始めました。メンバーたちにもきっと、こんなふ
うに優しく甘くホットケーキを焼いてもらいたかった少女時代があったのか
もしれないと、ふと涙が出そうになりました。

　さて、本番の録音。なんとあけみさんは、絵に描かれているとおり4枚焼
くはずだったのが、夢中で「ぽたあん　どろどろ〜」をくり返し、とうとう
5枚も焼いてしまいました。見守っていたメンバーたちが笑いをこらえなが
ら、「大サービス、大サービス」とささやきました。

あけみさんへの手紙　　　　　　　　　　プログラムを終えて

　最初は声を出してホットケーキを焼くことにずいぶん恥ずかしさをおもちのよ
うでしたが、ぐんぐん上手になっていきましたね。1枚のホットケーキを焼くこと
の中にも子どもへのいとおしみや、子どもからお母さんへの信頼を表現するこ
とができるようになったあなたは、すてきです。

　お子さんのそばにもどられたら、なにげないあたりまえの営みの一つひとつに
も、あなただからできる優しいふんわりした愛情を込めてください。世の中に
は、苛立つことや、あなたが一生懸命考えていることを理解してもらえない悔
しいことがたくさんあります。でも、「やけになったら、おいしいホットケーキは
焼けない」をひそかな心の呪文にして、どうかどうか、小さな幸福をていね
いに築き上げていってください。

　これから、フライパンを見ても、ホットケーキを見ても、私はあなたのことを
思い出すでしょう。そして、あなたがこれからの人生を、1枚また1枚と、ふん
わり積み重ねてくれていると信じて祈ってますよ。

　絆プログラムに参加してくれて、ありがとう。

「なんか。いい本ですね。」

そら はだかんぼ！
五味太郎 作
偕成社

あらすじ

　いたずら盛りの主人公は、ライオンのぬいぐるみを着てネコを追いかけ大はしゃぎ。でも母親に、早くお風呂に入るよう急かされて、しぶしぶ着ていたぬいぐるみの服を順番に脱ぎ始める。

　やっとクマくんの正体が現れたと思いきや、そのクマくんも実は着ぐるみ。それをがばっ、すぽっ、と脱いでとうとう本物のはだかんぼうの主人公が姿を現す。主人公と姿の見えない母親のやり取りを通して元気で楽しいお風呂タイムのようすが伝わってくる。

- -

　ここみさんは、身のこなしが素早く、大きな瞳でぐっと見据えるその鋭さに、何度もどきっとさせられました。無駄なことはしゃべらず、でも決断はとっても早い。プログラム1回目、数ある絵本の中から幼いわが子のために絵本を探すときも迷わず「これっ！」と真っ先に『そら はだかんぼ！』を選びました。その素早さと迷いのなさを私はてっきり彼女の性格によるものだと思っていました。そして、二重のトリックがあるライオンからクマくんへの変身、クマくんからたろうくんへの変身のおもしろさを読者が味わうまもなく、ものすごい速さで読み進めるのも、やっぱり彼女の性格によるものだと思っていました。

だから、読みあいの中で「『すぽっ』とか『がばっ』とか、『するり』とか『ずるっ』とか、もう少していねいにゆっくり読んだら、あなたの声ははきはきしていてよく通るから、きっと愉快に聞こえて楽しさが倍になると思うけど」と、そのせっかちさを少しでも緩めさせようと、やんわりアドバイスをしていました。「わかりましたっ」。彼女の返事はいつも簡潔です。それでもやっぱり、読むと速い。

ところが、4回目のプログラム、彼女が相変わらず猛スピードで読んでいる途中で、メンバーの一人が、「あれっ、この子の目、お母さんの声がするほうへ動いてますね！」と小さな発見を口にしました。それを聞いたここみさんは、「ん？　どこ？」と、開いていた絵本のページを自分のほうへ向け直し、パパパッとページをめくりました。そして「ほんとだ、この子、お母さんのこと見てる…」。彼女はそれだけ言って、下を向きました。しばらく教室に沈黙の時間が流れました。

この絵本は見開き左ページだけに男の子のやんちゃぶりが描かれ、右ページは男の子のつぶやきの言葉が中心で、時折姿の見えないお母さんのやや命令口調の言葉が書かれています。さっと読めば、お母さんの言うとおりにおとなしく従う気のない男の子の行動だけに気をとられがちですが、よく見ると正面向きの男の子の目が、お母さんの声がしたときだけ、そのお母さんの声のするほうへ動いていることがわかります。そばにいなくても、親子はちゃんとコミュニケーションをとっているのです。

お風呂場の中と外。刑務所の中と外。隔てるものを超えて、思いあう声は届くはず。沈黙の時間の中で、その気づきがここみさんの胸の奥にしみ込んでいくように見えました。

「正直言って、最初から絶対この絵本を読もうって決めてたんですけど、お母さん出てこなくて声だけで、それはまぁ仕方ないかと思ってたんですけど、なんか、いい本ですね」

彼女の飾りけのない告白に、みんなちょっと笑いました。

　そして５回目の録音の予行録音のとき、やはりかなりのスピード感をもって読み終わったあと、ここみさんはマイクの前から離れようとせずに小さな声で私にたずねました。

「あの、本番では読み終わったときにもう一度、『そら　はだかんぼ！』でしたって、くり返して言っていいですか？」

　どうしてそうしたいのかわからないまま、いいですよ、と答えました。

　６回目、いよいよ最終回です。ここみさんはマイクの前で一つ、ほおっと息を吐き、それから『そら　はだかんぼ！』と表紙の言葉をゆっくり読み上げました。わっ。いいぞいいぞ、その調子！と心ひそかに拍手しました。でも、そのあとは、やっぱりだんだんスピード感が出ていきました。でも、最初の頃とはまったく違う、見えなくてもそばにいることを信じて出すお母さんの声の確かさ。そして、読みながらいとおしそうに描かれた子どもの表情を見やる、その間あいのやわらかい感じがはっきりと伝わってきました。とうとう終わりのページまできました。

　ここみさんは、ページを閉じると、目を閉じて「そ・ら　はだかんぼ！でした」とマイクの向こうへゆっくりと語りかけました。読むというよりも語りかける、という声でした。

　すべてが終わったとき、ここみさんが、なぜこの絵本を選んだのか、その本当の理由がわかりました。タイトルの７文字の中に、まぎれもないわが子の名前と同じ２文字が含まれていたからでした。その２文字にかけたここみさんの思いに包まれ、みんなが温かい湯気と湯上りのタオルに包まれたような気持ちになりました。

ここみさんへの手紙　　　　　　　　　　プログラムを終えて

　あなたの大きなくりくりした瞳が、いろんな感情の中でさまざまに動く瞬間を見せてもらってきました。きっと自分にすごく正直だから、いろんなことに衝突して、人を傷つけたことで自分はさらに傷ついて、そういう苦しい時間を越えてきたんだなぁと思いました。

　でも、納得ができる絵本と出会い、納得できる読み方を見つけて、自分に正直に愛を伝えることができて、本当によかったですね。

　あなたの読む声の中に、あたたかい「お母さんの姿」がはっきり見えました。あなたの大事な、はだかんぼうさんを、その手でしっかり抱きとめられるその日が必ず来るから、そのときまで、許しがたい思い出や許してほしい思い出を、少しずつ明日を夢見る力に変えていってください。あなたにしかないその強い意志は、思い出を明日の力に変身させるためにあるのです。どうかそのことを信じてください。

　絆プログラムに参加してくれて、ありがとう。

95

●●離れていても精いっぱい生きた証し

これまで私は、児童養護施設をはじめ、さまざまな施設で親との関係につまずきをもった子どもたちと絵本を読みあってきました。そして何度となく、子どもたちの、母さんは自分のことをどう思っているのだろうか？　自分が生まれてきたことはまちがいじゃないのか？という声にならない声を聴きました。そのたびに、心の中がざわつきました。

絆プログラムによる女性受刑者との出会いは、その声にちゃんと向きあう勇気をくれました。

「今は離れて暮らしているけれど、お母さんにとって、あなたがこの世に生まれてきたことは、何よりすてきなこと。あなたがいてくれるから、お母さんもきっと、いっしょに暮らせる日をめざしてがんばることができているはず。だからその日まで、どうどうと胸を張って生きなさい」と、今なら子どもたちの目を見て話せます。

また、せっかくCDと絵本を届けても、何を今さら…と一時的に拒否する子どもがいたとしても、恐れることはありません。受け入れられようと受け入れられまいと、見返りを求めずひたすら愛をもって自分の声を届けようとする母親がいること自体、その子にとって不幸であるわけがありません。

悩みながら迷いながら読みあいを重ねた絆プログラムの時間まるごとが、離れていても精いっぱい母親として生きた証しだと、私は思っています。

3.

家族・社会につなぐ 海外の試み

――感情が響きあう場づくり

●● ストーリーブック・ダッズとは？

　日本の官民協働刑務所で「絆プログラム」を始めるにあたり、先行事例として学ばせてもらったのが、イギリスにおけるストーリーブック・ダッズ(Storybook Dads)の試みです。ストーリーブック・ダッズは当時、ダートムーア刑務所(HM Prison Dartmoor)内に本部を置く非営利慈善団体のプロジェクトでした。このプロジェクトは、BBC ラジオで働いていたシャロン・ベリー(Sharon Berry)が、2002 年、デボンにあるチャニングスウッド刑務所(HMP Channings Wood)にて刑務所内にラジオ局を設置する活動に携わり、さらに2003 年、ダートムーア刑務所の教育部門で働くことになったのがきっかけで立ち上がりました。

　そこではまず、受刑者が絵本を読み、その声を録音編集した CD や受刑者の絵本読みの姿と絵本の画面を編集によってうまく融合させた DVD を作成します。それを家族に届けることにより、隔絶された家族との関係を見つめ直し親である意識をもって更生の道を歩んでもらうことをめざしています。

　また、イギリスでは 20 万人以上いるともいわれる受刑者の子どもたちへの心のケアも視野に、親子間の関係修復のためのさまざまなワークショップやワーキングシートの提案も行ってきています。最初はダートムーア刑務所が活動の拠点でしたが、2023 年にダートムーア刑務所の閉鎖が決まったため、2015 年からはチャニングスウッド刑務所に本部を移し、現在に至っています。2019 年時点でイギリスでは、国内約 100 箇所の刑務所でストーリーブック・ダッズのプログラムが実施されています。

　さらに、この活動は男性受刑者のみならず、女性受刑者や、家族と離れて戦地に赴く兵士たちへと対象を広げ、またイギリス国内だけでなくアメリカ、カナダ、オーストラリア、デンマーク、ハンガリー、ポーランド、ニュージーランドなど他国での同様のプログラム普及にも尽力しています。

　私は、活動の拠点がまだダートムーア刑務所内にあった2013年に、ストーリーブック・ダッズの事務所を訪問し、実際にプログラムがどのように進行されるのかを見学させてもらいました。以下はそのときの記録です。

● 居心地のいい場所、収録現場の見学

　刑務所内の古めかしい重い扉を押し開け、案内された場所は、外の景観とは異なる明るい教育部門のオフィス。開設当初は刑務所内の独房の一室を使っていたそうですが、徐々にその意義が認められ、私が訪れた2013年には、出版社や作家によって寄付された絵本がずらりと並んだ本棚、編集ブース、スタッフのくつろげそうな談話スペースが備えられていました。お話の部屋をイメージさせる愛らしい飾りつけの施された録音・録画スペースもある、妙な言い方ですが、居心地のいい場所でした。

　ここで、入室を許可された受刑者一人ずつが、自分のこれだと思う絵本を選び、絵本を読みます。そのようすは、熟練の受刑者スタッフによって記録され、編集ブースで効果音やバックミュージックなども取り込んで、オリジナルのCDやDVDに仕上げられるのです。このCDやDVDは、受刑者のメッセージとともに後日、家族のもとへ送られるのです。

　私の訪問中にも、突然若い男性が入ってきて、ちょっと鼻歌を歌うようなかっこうで、本棚からサッと1冊の絵本を選びました。そして、スタッフと二言三言、言葉を交わすと、そのまま録音・録画スペースに案内され、メルヘン国の王様が座るような椅子に腰を下ろし愉快な帽子をかぶりました。近

くに立っている私に気づくと、にやっと笑って「ぼくはゲイ(GAY)だから、子どもはいないんだけど、姪っ子の誕生日にプレゼントするんだ」と早口に教えてくれました。

　彼が絵本をめくりながら心の準備をしているあいだに、スタッフの女性が、おさるのパペットを抱いて椅子のそばに置いてある大きなゴムの木の鉢植えの陰に隠れました。撮影スタッフも機材のセットを始めます。

　鉢植えの陰から、パペットのおさるだけがひょいと姿を現し、ひょうきんなかっこうで、「いきなり始めちゃっても大丈夫かい?」と青年に話しかけます。パペットのあまりに自然な動きに思わず笑い転げ、青年の緊張が見る間にほぐれていくのがわかります。こうして、パペットと青年の愉快なおしゃべりから始まり、なんの違和感もなく、絵本読みに入っていったのでした。青年の横でいっしょに絵本を読みあっているパペットが、時折、「ぼくもさ、ピクニックは大好きなんだ。おやつはバナナとクッキーで決まりだ」というような、実にうまい合いの手を入れます。その姿を見やり、「そりゃ、いいね」などと青年も軽く受けとめ、再び絵本の世界に入っていきました。

● 手法ではなく響きあいが絵本世界に誘う

　そのようすを眺めながら、絵本の世界に子どもを誘うには、どんなふうに読めばいいかという決まった手法でなく、声・空気・読む人の心・傍らに存在する物…絵本を包む今そのときの何もかもが、物語世界と溶けあっていることが重要なのだと感じました。矛盾のない柔らかな響きあいそのものが、絵本世界に誘ってくれるのだと実感したのです。

　パペットを用いた絵本への導入は、私も病院や児童養護施設での読みあいで、しばしば行ってきましたが、パペットを操りながらそこまで物語世界へ

の共鳴に心を尽くしてはいなかったように思います。

　ダートムーアで出会ったスタッフのパペット使いは、受刑者への徹底した「心づかい」でもありました。さらに、このパペットには別の役割もあることを知りました。文字が十分に読めない受刑者の場合は、パペットが先に1文ずつ読み、そのあと受刑者が復唱していく。そして、編集作業でパペットの声だけを消していくのだそうです。

　絵本読みの初めには、慣れない試みにどうしてもぎこちなさを隠せなかった青年が、パペットとは言え、気心の知れた仲間を得て、孤独ではない生活者としての姿を表明できたということ。そして、1冊の絵本を読みきったという達成感が、彼の自尊感情と自己肯定感を高めてくれたのではないでしょうか。

　かぶっていた帽子を脱ぎ「次はきみの番だよ」と手渡してくれながら、「大丈夫。きっとうまくやれるさ」と、彼は去り際に小さい声で私にささやきました。

🐾 初めての絵本、パペットと英語で収録体験

　というわけで、収録を終えた青年からおちゃめな帽子を手渡されたことから、思いがけず私も、録音・録画スペースでメルヘン国の王様の椅子に座り、実際に絵本読みを体験することになりました。「この本どう？」と手渡された絵本は初めて見るものでした。元気なクマのぼうやがお風呂に入りながらお母さんとのやり取りの中で、空想の宇宙旅行に出かけ、そこで思う存分遊んでもどってくるというわかりやすいストーリーだったので、とにかく、やってみることにしました。私の隣には、やはりパペットのおさるが寄り添ってくれていて「大丈夫、大丈夫」とつぶやいています。やってみて気づいたのですが、パペットがその体をほんの少し私の左腕にもたせかけてき

101

ダートムーア刑務所で
収録された映像より

WHATEVER NEXT !
/JILL MURPHY, Macmillan Children's Books.
おつぎはなぁに？
/ジル・マーフィー

おちゃめな帽子をかぶった筆者と
おさるのパペット

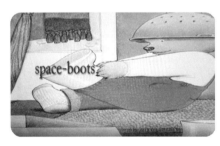

クマのぼうやが、
宇宙ぐつをはいて
空想の宇宙旅行へ

お話の部屋を
イメージさせる飾りつけの
録音・録画スペース
映像の録音・録画・
編集は、
全員受刑者スタッフ

宇宙で、みんなとピクニック

空飛ぶダンボールに乗って
かえります

いい気持ち！
ねむくなって
「おやすみ」

ストーリーブック・ダッズ
のマーク

ます。そのかすかな重みが心地よく、独りではないという安心感を広げてくれるのです。

　さて、実際の絵本読みは、BATH（お風呂）と BUS（バス）の区別も危ういほどしっちゃかめっちゃかでした。でも、絶妙なタイミングで隣にいるおさるが「最高だね！」と（読んでいる私にではなく、あたかも物語の展開に心吸い寄せられているふうにクマのぼうやに）声をかけてくれたり、体を揺すって絵本の中の冒険に夢中になっているようすを見せてくれたりするおかげで、私も見栄や恥じらいを捨て、おさるといっしょに物語世界の住人になりきることができました。そのようすが、後日送られてきた編集済みの DVD にはっきり表れていたのです（**前ページ写真**）。

🪨 もう一つのエピソード

　ダートムーア刑務所訪問では、突然のストーリーブック・ダッズの録音体験以外にも度肝を抜かれたエピソードがあります。録音を終えたあと、そばでそのようすを見守っていた背の高いスタッフが、「向こうの部屋でお茶でもどう？」と声をかけてくれたのです。受刑者のいる場所で飲食をするなど、日本では到底考えられませんが、まわりにいた人たちもうんうんとうなずくので、誘われるままに談話スペースのソファに腰掛けました。まもなく体格のがっちりした５〜６人の男性たちが集まってきて、その中の一人がジンジャークッキーと紅茶を出してくれました。半袖 T シャツの袖から刺青がのぞいています。へぇ、イギリスじゃあ、刑務官も刺青をしてるんだ、自由だなぁ、と思いました。

　ところが、彼らの自己紹介が始まり、びっくり。「ぼくは、もうじき家に帰ることが決まってるんだ」「自分も以前このプログラムに参加したんだけど、すっごくよかった。きみもそう思うだろ？」「この場所は施設の中でサ

イコーの場所さ」…ちょっと待って。もしかして、あなたたちって、みんな受刑者？　動揺している私に向かって、さっきの背の高いスタッフが、「あんた、日本から来たんだろ？　日本じゃ、1日に何時間くらい家族と面会できるの？」とたずねてきました。すると、まわりにいた者たちからも、次々に「子どもといっしょに過ごせるのは、ひと月に何回くらい？」「子どもといっしょに遊べる部屋はどんな感じ？」「おもちゃやゲームはある？」と質問攻めにあいました。

　親権を誰がもっているのかという問題も絡み、日本では親といっしょに子どもが面会に来ること自体、あまりありません。人によって面会が認められる回数も違います。受刑中の父親や母親が、一つの部屋を与えられ、会いに来た子どもといっしょにひとときを過ごすなど、とても考えられません。そのことを話すと、みんなびっくりしたようすで「じゃあ、おれたちのほうがいいな」と言いあっていました。

　再犯を防げるかどうかは、刑罰を与えることより、出所してから家族との関係をどう良好に結び直せるかにかかっているという考え方が根本にあるから、ストーリーブック・ダッズのような発想が生まれるのだなと、つくづく思いました。

● どちらも「読みあいの力」を信じて

　大学病院の研究室にて絵本を介したコミュニケーションの実践を試み始めた1982年頃から、絵本は誰かから誰かへ一方向へ思いを伝えるものでなく、声を出すものと聴き入るもの両者の相互の心の響きあいが生じるものだと、私は考えてきました。絵本を読むという行為は同じでも、そこに託されるものは絵本の中に描いてあるものだけにとどまらず、〈わが身まるごと〉でもありうるという現場での確信から、読みあいを軸としたさまざまな関係づく

105

りのプログラムを開発し続けてきました。

　本が人を変えるのではなく、本を介した生身の人の感情が響きあって関係を変えていくのだということ——ここから受刑者に向けた「絆プログラム」も生まれたのです。

「生身の人の感情が本を介して響きあう」ということで言えば、ストーリーブック・ダッズの収録や編集作業を通したスタッフ間の交流やパペットの助けを借りるという行為も、まさしくここにつながっていると、現場を見て強く感じました。

　日本の絆プログラムは、ストーリーブック・ダッズと異なり、6人のチームで、それぞれがわが子に向けた絵本読みを相互に聴きあい感想を届けあいます。けれど、そのくり返しの中で、他者の絵本読みであっても、その声を聴いてくれる会えない子どもの存在をイメージし、親と子の心の響きあいを感じ取る。さらに、ただ絵本に刻まれている文字を読むのでなく、そのシーンそのセリフに自分自身を預けてまるごと子どもに届けようとしている仲間の姿と自分とを重ねあわせる。そこから、子を想う親同士としての響きあいも生まれてくるのです。

　どちらのプログラムも「読み聞かせ」ではなく、「読みあい」の力を信じているものだとわかりました。

🫘 日本にはまだない開放的なステップ

　ストーリーブック・ダッズでは、CD や DVD に受刑者のメッセージを加えることができ、またこれを契機にして、そののちも親子でやり取りできるようなコミュニケーションシートを何種類も開発していました。たとえば、親と子が代わるがわるに「もしスーパーヒーローになれるとしたらどんなことをする？」とか、「魔法が使える薬を作るとしたらその材料は何だと思

ダートムーア刑務所
ストーリーブック・ダッズ
コミュニケーションシート

1 わが子（パパ）が知らないかもしれない自分のことを知らせる10項目のメモを書き込んでみよう！

2 呪文を唱えてどんなことをしてみたい？ 何でも願いのかなう魔法の薬を作るとしたら、どんなものを入れる？ 魔法の言葉はどんなの？

3 自分の心の奥に住んでいるスーパーヒーローについて、そのヒーローの呼び名や、どんなパワーがあるのか、宿敵はどんなやつなのか、どんな姿をしているのかを教えて！

1 ● 10 things you might not know about me

2 ● Magic potion　　**3 ● Super ME!**

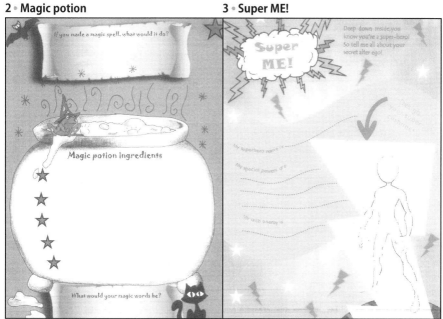

107

う？」とたずねるような楽しいシートです。許可を得て、その一部を紹介しています（**前ページ参照**）。

　残念ながら日本では、ここまで開放的な矯正プログラムのステップは準備されていません。また、絆プロジェクトで送られた CD を受け取った子どもたちの気持ち等も追跡することは困難です。

　けれど、送った受刑者がたとえすぐに目に見える子どもの反応を知ることができなくても、またプログラムを実施する側として得られる具体的な情報がなくても、プログラムの中で受講者の心に灯り続けた「あなたを愛している」の気持ちに嘘はありません。たとえ、その事実を知らないままであっても、そのような愛を抱いている親の子どもであるのだということが、離れて暮らす子どもたちにとって小さな希望の種であることは、まちがいないと思うのです。

●●海外の矯正現場における多様な表現プログラム

　アメリカ、カナダ、オーストラリア、ニュージーランド、イギリスなど、海外で実践されている矯正プログラムは、ストーリーブック・ダッズのような親子の絆を回復させるためのものだけではありません。一般の受刑者に向けた自己洞察のための読書会や詩や作曲のワークショップ、刑務所内で放映するラジオドラマの作成、演劇レッスンや一般に公開する劇場での演劇やミュージカルの上演など、さまざまな試みが行われています。[1] そのために大学の研究室やボランティア団体、図書館司書といった所属や立場の異なるメンバーが連携して活動しています。

　オーストラリアで演劇のプロジェクトに参加した受刑者の一人が、率直な感想を述べていますので、以下に紹介します。[2]

　こうしたプロジェクトの参加が呼び掛けられると、参加したほうが仮出所に有利だとか、でも家族との面会時間がリハーサル時間によって奪われてしまうとか、余計な仕事量が増えるといったさまざまな情報が飛び交い、また気に食わないメンバーといっしょになる可能性もある。そんな葛藤の中でレッスンが始まると、グループ内での信頼感の構築が真っ先に求められる。

　それまで刑務所内では自分の身を守るために感情を他者に見せてはいけない、自分の中に他者を入り込ませてもいけないというのが鉄則だった。ところが、演劇表現で求められるのはこの真逆のことだ。自分の無防備なありのままの姿をプログラムの中でさらけ出すことはリスクが高い。でも、プログラムが進むにつれ、なぜ収監されたのか、何を恥じているのか、家族について、家に帰ることで何を恐れるかなどなどの話を自然にするようになっていった。

　レッスンが始まって 1 か月くらい経つと、ルイス・キャロルの「不思議の国のアリス」の話に載せて自分が誰なのかというセルフアイデンティティの問題や、物事は見えていることだけが真実ではないというようなテーマで話ができるようになっていった。公演には、政治家や刑務所内のスタッフ、家族や囚人仲間も見に来てくれ、劇が終わると涙してくれる観客もいて、あぁ、みんなのところへもどってきたんだと感じることができた。

　家庭内暴力を受けてきて、見えないよう気づかれないように生きてきたが、逆にステージの上で自分の生きる場所を誰はばからずに表現するということは、自分の失ってきた何かを取りもどすための戦いのようなものだった。家庭内暴力を受けると、自分自身という感覚や自分がどうありたいのかという確信が揺らいでいく。演劇を通してそれを一つずつ見つめ直すことができた。「信じる」ということにも段階があり、どんなことにおいても 100 パーセント信頼できる、ではなく、特定のことにおいて 100 パーセント信頼できればまずはよいのだということを感じた。

たとえば、演劇のワークショップにおいても参加している仲間をどんなときも自分のことをわかってくれる、何においても信頼できるとは思えなくてもよい。ただ、演劇の舞台においてもしも自分が固まってしまっても必ず助けてくれるということや、ワークショップ内で言ったことを誰にも話さないということについて信じられれば、それで十分。100パーセントの信頼と言えるのだと知った。

そして、「何があっても何とか自分はやり続けられるんだ」と自分で自分を信じることができれば、それが自分の中に信じる心を築くことだと学んだ（村中訳／Anya, 2019）。

他者との関係の中でかたくなに閉じていた自分を少しずつ解放し、そうできる自分自身を信じてみる…手法が異なっていても表現プログラムが人間性の回復の一歩に力をもつということは同じです。

一方、日本国内の刑事施設においてどのような表現プログラムが行われているか調べてみると、読書会を開いたり、本を読ませて感想文を書かせたりというような指導実践はありますが、絆プログラムのように、親子の関係を見つめ直し、退所後の新たな関係構築のきっかけとすることを目的にした成人向けプログラムは、私の知る限り、ありません。

タイ：シリントン少年更生施設での読みあい

アジア圏の試みに目を移すと、タイでは、日本人の松尾久美さんが、現地のスラム地区で育った若い女性二人と立ち上げたマレットファン[3]という教育支援のNGOが、厳しい状況下にある親と子を結ぶためさまざまな支援プログラムを展開しています。

その中心的活動に〈絵本のひろば〉[4]という誰もが自由に絵本を読みあえる

タイ・シリントン少年更生施設内での絵本の読みあい
中央は筆者

場の提供があります。私もマレットファンのお手伝いで、シリントン少年更生施設に入所している青年たちと絵本を読みあいました。

　マレットファンは、この経験と成果を傷つきを抱えるおとなたちにも広げようとしてくれています。

🪨 カナダ：受刑した親をもつ子どものための本を

　2020年12月、カナダにペアレンツブックス（Parents Books）という特別な支援を必要としている親子を支える本がそろった児童書専門店があることを知りました。そこで1月に入ってから、受刑した親をもつ子どものサポートに関する書籍がどのくらいあるか、トロントに住む友人を通して調べてもらいました。するとすぐに、お店で売っている関係書籍のリストが送られてきました。小さい人たちに向けて、自分たちの家族に今何が起きていて、どうしてそんなことになったのか、受刑している父親や母親はどんな暮らしを

しているのか——簡単には口に出してまわりに聞けないことをきちんと説明してくれる本や物語があること。そんな子どもたちの心をサポートするためのガイドブックやワークブックまで出版されていること。そしてこういう目立たない本のリストをお店独自で地道に作り、きちんとお店にそろえて売っていることに驚きました。

けれど、この街の小さな本屋さんは、インターネットショッピングの普及とコロナで外出禁止期間が長引いたことで、2021年1月末で閉店しました。1986年に開店して以来35年間、さまざまな困難を抱える家族とそれをサポートする人たちに寄り添ってきた本屋さんの、おそらく最後の仕事となった日本への小包は、とてもていねいに梱包されていて、1冊ずつの本に託された思いが伝わってきました。

入手した受刑中の親をもつ子どものサポートのための絵本・児童書を紹介します（それぞれの日本語書名は、村中の仮訳です）。

Hazelnut Days
Emmanuel Bourdier,illustrated by ZAÜ, minedition (ages 5-8)

ヘーゼルナッツ・デイズ
5 〜 8 歳向き／アメリカ／ 2018 年

My Daddy is in Jail
Story, Discussion Guide, & Small Group Activities for

Grades K - 5. Janet M.Bender, M.Ed.YouthLight, Inc

パパは刑務所にいるの
お話とディスカッションのためのガイドブック
5 〜 10 歳向き／アメリカ／ 2003 年

My Daddy's in JAIL
Anthony Curcio, Icg Children's (ages 3-7)

パパは刑務所にいるんだ
3 〜 7 歳向き／アメリカ／ 2015 年

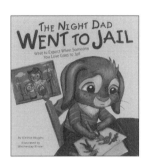

The Night Dad Went to Jail

What to Expect When Someone You Love Goes to Jail

Melissa Higgins, illustrated by Wednesday Kirwan, Picture

Window Books (ages 4-8)

パパが連れていかれた夜
── 大好きな誰かが連れていかれたら、どんなことが起こるのか
4 ～ 8 歳向き／アメリカ／ 2013 年

Tell Me about When Moms and Dads Go to Jail
Judi Goozh & Sue Jeweler, Jessica Kingsley Publishers (ages 6-11)

パパやママが連れていかれたら、どうすればいいの？
6 歳～ 11 歳向き／イギリス／ 2018

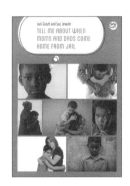

Tell Me about When Moms and Dads Come Home from Jail
 Judi Goozh & Sue Jeweler, Jessica Kingsley Publishers (ages 6-11)

パパやママがもどってきたら、どうすればいいの？
6 ～ 11 歳向き／イギリス／ 2018 年

What Do I Say about That?
Coping with an Incarcerated Parent Julia Cook, National

Center for Youth Issues (ages 6-9)

この気持ちをどう話せばいい？
―― 収監された親とどう向き合うか
6 歳〜 9 歳向き／アメリカ／ 2015 年

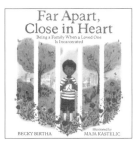

Far Apart, Close in Heart
Being a Family when a Loved One is Incarcerated

Becky Birtha, Albert Whitman & Co (ages 4-8)

離れていても心は近くに
―― 愛する人が収監されたときに、家族であるということ
4 歳〜 8 歳向き／アメリカ／ 2017 年

●注—————

1 こうした活動については、以下のような書籍にも紹介されている。

アン・ウォームズリー著 向井和美訳『プリズン・ブック・クラブ——コリンズ・ベイ刑務所読書会の一年』紀伊國屋書店、2016 年

ミキータ・ブロットマン著 川添節子訳『刑務所の読書クラブ——教授が囚人たちと 10 の古典文学を読んだら』原書房、2017 年

Balfour, M., Bartleet, B., &Davey, L. (Eds.). (2019). *Performing Arts in Prisons: Captive Audiences*. Bristol: Fishponds.

Balfour, M. (Ed.) (2004). *Theatre in Prison: Theory and Practice*. Bristol: Intellect.

Shailor. J. (2010). *Performing New Lives: Prison Theatre*.London: Jessica Kingsley Publishers.

Walsh, A. (2019). *Prison cultures*: *Performance, Resistance, Desire*. Bristol: Intellect.

2 Anya (2019).Through the looking glass: A voice from the inside. In Balfour, M., Bartleet, B. and Davey, L (Eds.), *Performing Arts in Prisons (pp.67-84)*. Bristol: Fishponds.

3 マレットファンの活動等については、村中李衣『マレットファン　夢のたねまき』（新日本出版社、2016 年）に詳しい。

また、シリントン少年更生施設での活動のようすは下記にまとめている。

村中李衣・安江美保「タイにおける教育支援の可能性（ 2 ）——少年更生施設での読みあい・小学校での身体表現の授業」『ノートルダム清心女子大学紀要』42(1)(2018)pp.101-120.

4 絵本あれこれ研究家・加藤啓子さんが日本で始めた活動。村中李衣『保育をゆたかに 絵本でコミュニケーション』（かもがわ出版、2018 年）pp.44-45. 参照。

4.

受刑者処遇の未来へ向けて

――絆プログラムの意義と今後の課題

中島 学 美祢社会復帰促進センター 元センター長

1 刑務所とはなにか？

　官民協働で運営されるPFI刑務所において実施されている、女性受刑者を対象とした「絆プログラム」の内容とその意義等を考える上で、まずは刑務所とはどのような場所であるのか、から説明したいと思います。

（1）刑罰と刑務所

　悪いことをしたら警察に捕まり、裁判を受けて、特に悪いことをした人は刑務所に入れられる。刑務所に入った人は、刑務所の中で反省をして、社会の中に戻ってくる。これが、犯罪が発生したあとの加害者に対する、一般的な認識ではないでしょうか。最近は、芸能人や有名人で悪いことをしたとされる人が「拘置所」に入る、というニュースをよく耳にするので、中には、裁判で刑が決まるまでのあいだは「拘置所」に、刑が決まった人は「刑務所」に入れられる、ということを知っている人もいるかもしれません。

　悪いことをした加害者に対する処分、それは「刑罰」と呼ばれていますが、いくつかの種類に区分されます。罰金という加害者の財産を奪う「財産刑」、鞭打ちや刺青といった身体に苦しみを与える「身体刑」、島流しや僻地に追いやり社会生活を奪う「追放刑」、施設に拘禁して移動の自由等の自由を奪う「自由刑」、そして、加害者の生命を奪う「死刑」などがあります。

　現代社会では、身体刑や追放刑は一部の国においては執行されますが、刑罰として強く認識されているのは「自由刑」だと思います。「悪いことをしたら刑務所に入れられる」といった一般認識は、自由刑の執行のもつインパ

クト、大きさがさまざまなメディアでも取り上げられていることからも形成されてきたものだといえます。

　では、「刑務所」で悪いことをした人はどのような生活をし、どのように反省しているのでしょうか？　坊主頭にさせられ、囚人服を着せられ、会話のない環境で、強制的に作業をさせられ、刑務所の中でしっかり反省した人は、「仮釈放」で刑が終わる前に社会に戻ってくる。これが普通に考えられる刑務所の生活・ようすではないでしょうか。自由を奪われ反省をさせられる「刑務所」といった認識は、実は、世界的にみても、刑罰の歴史からみても、一般的なものではないのです。

『監獄の誕生』というフランスの哲学者であるＭ．フーコーの著作がありますが、自由刑の執行場所としての監獄・刑務所は18世紀頃の人道主義的な思想を背景として出現してきたものといわれています。歴史的には200年足らずのものです。また、刑務所における自由刑執行内容も、国によってさまざまな形態があります。

　日本の自由刑は刑罰として作業を科す「懲役刑」と、移動の自由等の人権を制限する「禁錮刑」の二種類があります。日本の刑法は明治時代にフランスの刑法をもとに一度つくられましたが、1907（明治40）年にドイツの刑法体系に改正され、また、監獄法も1908（明治41）年にドイツの監獄運用を参考としてつくられました。

　刑法はその後、一部改正を実施しながら今日に至っていますが、監獄法は2005（平成17）年に廃止され、「刑事収容施設及び被収容者等の処遇に関する法律」が新たに施行されました。大きな改正点は、それまでの作業だけでなく、改善指導等も刑務所で実施される「矯正処遇」として正式に実施できるようになったこと、受刑者等の施設に収容される者と刑務官等の施設を管理する者との権利と義務が明らかにされたことなどです。

(2)「矯正」としての刑務所の機能

「悪いことをした人は刑務所で反省させられる」という一般的な認識は、実は、世界的な刑罰執行の実態からみると主流とはいえないものです。海外の刑務所に関するテレビ番組では、日本のように作業を実施せず、ブラブラと居室や施設内で過ごしているようすや、北欧の刑務所では一般家庭と同じような場所で生活をしている場面などが放送されたりしています。欧米の多くの国では、自由刑は移動の自由を奪うために施設に拘禁するだけで、日本のような作業を実施する場合は、強制ではなく「労働」として受刑者自身のある種の選択によって実施されている場合が多いです。

また、「反省」をさせるという「改善更生」といった理念は処遇の目的とはされていない国が多く、施設収容によって生じるさまざまな不利益や支障が出所後の生活に悪影響を及ぼさないようにする「再社会化」がその処遇理念とされている場合が多いのです。社会復帰後に再犯しない生活を継続維持できるためには、物事の捉え方や行為選択の偏りがその支障となる場合には、それを克服するための訓練等が実施されます。しかし、強制される訓練の成果は期待されませんので、これも本人の自主性が大切にされます。

法学では、刑務所のもつ役割の違いを「一般予防」と「特別予防」の二つの機能に分けて説明しています。その違いは、**表1**のとおりです。

表1●刑務所のもつ役割

	一般予防	特別予防
対象	一般市民	加害者/受刑者
効果	罰による威嚇効果	拘禁による反省
懸念	厳罰化	過剰介入

(3) 処罰から処遇への転換

「悪いことをした人を収容し反省させる」場として一般に認識されている

「刑務所」は、国際的には施設に拘禁・収容するという、移動や自己選択等の自由権を制限することが罰としての範囲とされます。出所後の再犯を抑制するためにはその制限はできるだけ弱いものとし、また、出所後の生活を継続・維持できるような支援を施設内で提供するということが処遇の目的とされてきているといえます。その背景には、2度の世界大戦等を通じて生命刑や強制労働、人格改造的な個人の信条への介入はまさに非人道的な処分・処遇であり、人種宗教信条等を超えて犯罪者処遇の基本理念は、社会からの排除ではなく社会の中への再統合であることが認識されたことによります。

このような、刑務所における処遇理念は、2015年に改訂された、国連被拘禁者処遇最低基準規則（ネルソン・マンデラ・ルールズ）においても、次のように規定されていることからも明らかだといえます。

国連被拘禁者処遇最低基準規則：規則4の1
「拘禁刑又はこれに類似する自由剥奪処分の目的は、主として、犯罪から社会を保護し、常習的犯罪を減らすことになる。これらの目的は、そのような者が遵法的かつ自立的な生活を送ることができるようにするために、その者の釈放後の社会復帰をできる限り確保するように拘禁期間を利用することによって、初めて達成される。」

このような、受刑者処遇に関する世界的な潮流は、日本における受刑者処遇にも強い影響を及ぼし、明治以来の懲罰主義から改善主義を経て、「（再）社会化」としての社会復帰支援へとその比重が移ってきています。そして、そのような（再）社会化に特に比重をおいた受刑者処遇がPFI刑務所の出現によって具体化してきているのです。その取り組みは、世界の潮流から1周遅れでありますが、多くの国で失敗とされてきた刑務所の民営化等の結果を超えて、官民協働による新たな取り組みが定着し所要の効果等が示されてきているといえます。次節では、その内容を確認したいと思います。

2 PFI 刑務所の出現とその運用

　2007年5月、山口県美祢市に日本初のPFI刑務所として美祢社会復帰促進センターの運用が開始されました。多くの刑務所が「府中」刑務所や「大阪」刑務所のようにその地域の名称に「刑務所」を加えたものであるに対して、「社会復帰促進センター」と刑務所とはわかりづらい施設名とした理由は二つあります。一つは、施設誘致に際しての地域との交渉において「刑務所」といった犯罪者を収容する迷惑施設といったある種のスティグマ・非難を解消するために、二つ目の理由は、施設の運営目的が単なる刑罰の執行ではなく、再犯防止を念頭においた受刑者を市民として社会復帰させる「人材の再生」という施設運営の目的を明らかにするために、刑務所らしからぬ名称となりました。

　施設運営に関する契約は、2005年に国（法務省）とPFI施設運営のために設立された特別目的会社（SPC）とのあいだで取り交わされました。その契約期間は20年とされ、うち2年は施設建設整備の期間で、2025年までの18年間が実際に受刑者を収容し処遇するという契約内容でした。

(1) 民間活力の導入

　民間委託等に一番なじまないように思える、公権力の執行という側面が強い刑務所の運営にPFIを活用することとなった背景には、当時の刑務所等に生じていた二つの大きな課題が存在していました。一つは1993（平成5）年から増加する受刑者数に対応する施設整備が追いつかず、収容定員を遥かに超えた収容状況に陥り、6人定員の居室に8、9名を、それまで保安上の理由に厳禁とされていた単独室に2人収容するなどの、劣悪ともいえる収容環境の改善を図る必要でした。二つ目は2001（平成13）年に発生した名古屋刑務所における不適正事件を受けての受刑者処遇のあり方、拘禁し懲らし

めるといった懲罰主義的な処遇理念からの脱却と、個々の受刑者の特性に応じた処遇の充実強化という課題への対応です。この二つの背景にはすでに説明してきたような、刑罰執行の世界的な潮流の影響もありました。

　これらの課題等を検討するために、2003（平成15）年に法務大臣の諮問機関として「行刑改革会議」が設置され、多くの議論と検討が行われ、具体的な対応策に関しての提言が、その年の12月に『行刑改革会議提言──国民に理解され、支えられる刑務所へ』という形で報告されました。この会議の中で初めてPFI方式による施設整備とその運用に関しての説明が法務省サイドからなされ、その検討が専門部会等で進められました。そして、『行刑改革会議提言』の中で、PFI方式による刑務所設置等に関するある種のゴーサインが報告されました。その具体的な内容は次のとおりです。

　「現在、法務省では、PFI手法を活用した施設の整備、運営を推進する方針を採っており、施設の設計・建築から運営に至る各種の業務について、その権力性や専門性の程度、民間委託をした場合の経済効率などを吟味し、効率的な施設の新設、運営を行い得るよう、部分的な民間委託を行うための検討を進めている。こうした方策は、いわゆる民営刑務所と異なり、国が運営の最終的な責任を負うものである上、外国の民営刑務所において指摘されているような、経費削減のための処遇レベルの低下など、種々の問題が生ずるおそれが少ないという点で、妥当な方向である。また、こうした官民協働の施設運営を行うことは、行刑施設の職員に外部の者の目を意識させ、行刑運営が一般常識からかけ離れたものにならないための歯止めともなるものと考えられる。[2]」

　これらの提言等を受けて、PFI刑務所の整備が進められます。美祢社会復帰促進センターがその第1号施設として2007（平成19）年に運用を開始し、翌年には第2号施設として島根県浜田市に島根あさひ社会復帰促進センター

が運用開始となります。続いて、栃木県に喜連川社会復帰促進センター、兵庫県に播磨社会復帰促進センターが設置・運用開始となり、現在、全国で四つのPFI刑務所において官民による運営がなされてきています。

（2）施設内処遇の機能

PFI刑務所のその特徴的な機能を理解するためには、まずは、刑務所や少年院といった矯正施設における、その機能について理解しておくことが、どこがどのように異なり特徴的なのかを知るうえでは必要となります。

対象者を収容し必要な処遇を実施するという矯正施設には大きく三つの機能（□／○／△のシンボルとその大きさ等によって、その機能の比重を示している）が内在し複合的に作用していると整理できます（**表2**）。

表2 ● 矯正施設三つの機能

	機能	内容	効果／結果	刑務所	少年院
△	自己存在を確認する	対話／面接／ことばの獲得	内省→修復／回復	△	△
○	集団を形成し活用する	集団／寮／工場／処遇グループ	サークル→信頼	○	◎
□	収容生活を確保／維持する	防壁／規律・秩序／管理／衣食住	サンクチュアリ／安心	□	□

この三つの機能がそれぞれ有機的／複合的に作用して円滑に展開する時に、より安定して有効な成果が生じることになります。他方、これらの機能の複合的な作用のバランスが崩れたときに、逃走や暴動といった大きな保安事故や受刑者からの過剰要求に屈してしまう職員の出現や、暴行や虐待といった不適正処遇が発生することが、これまでの事故分析等を通しても明らかにされてきています。それぞれの機能の内容について、詳しくその内容をみることとしましょう。

ア　収容生活を確保 / 維持する機能：□の機能

「矯正」の一番の特徴は、施設を取り囲む四角い塀に象徴されるように社会から施設に隔離し、さまざまな自己決定を制約し、それまでの社会内での関係性や立場が保留され、ある種、画一化された取り扱いを受ける点です。このような働きかけは、さまざまな権利を制約するという観点からの管理主義等の批判にも応答し得る具体的な処遇が提供される必要があります。

　一方、被害者や社会一般の市民感情も考慮することが求められます。提供されるその内容等が贅沢や優遇といった非難を受けないようにバランスをとることも重要とされます。このような衣食住といった、施設内の生活が一定の水準で常に維持され、また、集団内での規律が保持されるといった、安心安全な生活空間を提供する機能、収容を確保し継続するために、管理的な枠組みとしての機能が、施設収容の基盤を支えています。

　また、加害者としてマスコミや社会的な非難から、施設内はまさに「避難所」ともなります。また、自傷や依存といった自分自身で制御し得ない状態から解放され、他律的ではあるかもしれませんが、自分自身を取り戻し得る「サンクチュアリ」ともなり得る場が提供されるともいえます。

　つまり、この機能は、その生活を整え／整えられるものであり、「安心」が形成され続けることが具体化されるための働きかけであり、当人が意識しないところでも機能し続けるといった特質を有しているといえます。しかし、この機能が強すぎたり、当人自身がその環境に慣れすぎたりすると、施設適応だけが促進され、一般社会での自律した生活を維持することが困難となる懸念も内在しています。

イ　他者との関係性の中で自己の更生を確認する機能：○の機能

　矯正施設と呼ばれる犯罪や非行に陥った人を施設に収容し処遇する施設としては、刑務所の他に、保護処分として非行少年を処遇する少年院という施

125

設があります。少年院の処遇環境の特徴は、「寮」を中心とした矯正教育が実施される点です。「寮」では、収容されている他の少年と指導をする教官が同じ寮を構成する「仲間」として位置付けられ、さまざまな「関わり」が生じる場として機能します。

　具体的には、個別の矯正教育目標の達成状況等を相互に確認したり、寮の目標を決めたり、その達成状況を確認するという「寮集会」、個別担任の法務教官との相談・面接、寮内での係や役割活動等、相互が語り聞かれさまざまな仕組みが内在しています。このような処遇環境の中で、ある種のピアグループ³が日々の生活を支え、他者との関係性の中で自己の更生を確認することが可能となる作用が生じています。刑務所で実施される各種の改善指導におけるグループワークや、工場単位の行事活動等においては、少年院ほどの密度はありませんが、相互の関係性の中で生じる出来事やエピソードを通じて自分自身の存在を確認し、他者からの関わりの意味や意義を問い直したりする「場」が存在します。そこでは、この先の人生の意義を確認しこれまでの出来事を有意味に語り直すという、立ち直り／更生に向けての意識が形成されることになります。

　他者の存在は、集団・仲間といったサークルの中で自己と出会い直し、自己を受容しその物語を聞いてくれる存在であり、また、物語を聞くという点においては同じ視点を共有している存在でもあります。そして、そのような同じ視点をもつ複数の他者との相互の関わり、その関係性を通じて、立ち直り・更生が「自己物語」として形成されます。自分自身の更生の過程として、その「自己物語」が確認／承認されるという作用が、サークルの中で機能しているといえます。さらに、この機能の中で、対話をとおして「信頼」に基づく他者との関わり方が体感されたり、それまでは実感しえなかった自他や社会に対する「信頼」が形成される場でもあります。

ウ　自分自身との対話を通して自己を確立する機能：△の機能

　このような自己変革ともいえる立ち直り／更生が生じるためには「○（サークル）」としての自己が語られる場・居場所だけではなく、自己内において、主我と他我とそれを統合する第三者の視点という「△」の形態のような対話の場が必要とされます。それは、新たな自分自身が写し出される「自己物語」が語られ、その物語が聞かれる「対話」の場ともいえるものです。

　立ち直りを明らかにする新たな「自己物語」が語られるためには、その物語を当事者が語り再構築されるように、当事者自身が未だ気がつかないエピソードを語り得るものとして明らかにし、再配置し得るよう支援を行う他者（他我）が必要となります。また、その過程においては、当人自身の言葉が聴く／聴かれるものであり、当事者の本心／本音が自ら語られることが必要とされます。このような、自己内に形成される主我と他我、そして、当人に共感しその語りを無意識に写し得る「鏡」としての役割を担い得る他者との対話という三角の構造が形成されるとき、語られる立ち直り・更生の自己物語は確かなものとして立ち上がります。自己宣言・自己言及としての単なるお話ではないという、他者からの承認がこの機能を通して確認されることを意味しています。さらに、自分と自分自身、そして他者との「修復」が新しい物語を通して形成され、語られる「自己物語」が他者の立ち直り・更生を引き出し形成に導く一つの雛形・枠組みとなっていくことになります。[4]

エ　行動変容を促す施設内処遇の構造

　矯正施設に収容される者、とりわけ非行少年や女性受刑者の中には家族からの虐待や学校・職場でのいじめ等の被害性を有している者が少なくありません。加害者に内在している被害性という課題です。また、これまでの生育・生活においては、酷い叱責やくり返される失敗経験といった、「正の罰」や「負の罰」[5]にさらされ続けていた場合には、すでに「般化」や「耐性」と

127

いわれる、それぞれの賞罰といった作用が機能しない状態となっている場合が多くあります。さまざまな処遇プログラムを実施してもその深化は促進されず、その効果を期待することは難しいケースも散見されているところです。つまり、罰を与え正しい行動がとれるように刑務所や少年院に収容しても、その効果は期待できない人が存在しているということです。

このような「矯正」における行動変容に内在するある種のジレンマを克服するためには、本人自身の行動継続を本人以外のモノによって調整される賞や罰に着目した「外的動機付け」だけではなく、本人自身がその意欲や行動変容への努力を継続する「内的動機付け」に着目することが必要とされることになります。

この「内的動機付け」による更生への意欲の喚起と持続化を図るため、矯正の機能で述べた「○」や「△」の機能が複層的に施設内において展開されることが不可欠です。そして、その処遇の成果は、自己表明や他者との良好な関係性の構築として表出され、他者による承認を重ねることにより、強化されることになります。特に少年院におけるさまざまな指導／訓練はこのような目的・意図をもって展開されることにより、その効果が出院後の社会生活においても持続されることとなります。

また、PFI施設をはじめとしていくつかの矯正施設では、社会復帰後の生活においても立ち直り・更生が継続するために、「自己物語」の形成に着目し、「○」と「△」の機能が複合的に作用する訓練・支援が展開されてきています。その一つが「絆プログラム」といえます。

(3) PFI刑務所における特徴的な実践

PFI刑務所として民間企業がその運営に参画する利点として、官にはなかった／できなかった民間のノウハウの導入・活用がその重要な理由となっています。そのノウハウは「人材の再生」という明確化された施設収容処遇

の目的に向かって、一般刑務所では実施されていない、より充実した矯正処遇が提供されることとされています。

　美祢社会復帰促進センターにおいては、「人材の再生」に向けた処遇等の中核は㈱小学館集英社プロダクションが担当し、いくつかの新たなコンテンツが提供され実践されています。職業訓練においては、在所する受刑者（施設においては「センター生」と呼称されます）全員に対して実施される「必須職業訓練」、指定された訓練室の受刑者に実施される「指定職業訓練」、本人の希望とニーズを把握・検討した上で実施される「選択職業訓練」の三つが、最新の雇用ニーズに応じた訓練プログラムとして提供されています。

　改善指導においても、職業訓練と同様に個々の受刑者のニーズに対応する最新の指導プログラムが提供されています。主だったものとしては、認知行動療法の理念に基づき開発された「反犯罪性思考プログラム」、さまざまの依存に対応した「アディクション・コントロール・プログラム」が、グループワークやワークブック等の個別課題テキストを活用し意図的・体系的に実施されてきています。

(4)「絆プログラム」の位置づけと女性受刑者の特性

　美祢社会復帰促進センターは PFI 刑務所としてだけではなく、男女の受刑者を分隔しながらも同時に処遇する日本で唯一の施設としての特徴をもっています。また、女性受刑者の収容可能人員は 800 名であり、これも全国最大の女性刑事施設という特徴を有しています。収容される受刑者は男女ともに、実施される各種の矯正プログラムが継続受講できるだけの心身の状態、能力を有していることが前提とされ、その運営の契約においても一般受刑者と比べて健康で能力の高い者が全国から特に集められて処遇が実施されています。ある種の「選択と集中」により、「人材の再生」を図り、納税者となり得る人材を社会に復帰させることを促進する、特別な使命を有した刑務所

ともいえます。

　このような特徴を有する美祢社会復帰促進センターにでは、女性受刑者の特性に特化した改善指導がある種実験的に実施されてきています。絵本の読みあいを中心とする「絆プログラム」はその代表的なプログラムの一つです。

　女性受刑者の特性の一つには、被害性を有している加害者であるということ、子どもを産み育てた（育てられなかった）という母性、母性からくる共感性や自己犠牲といった特質があり、これらの特質が場合によっては犯罪の起因や背景に強く影響を及ぼしているともいえます。「絆プログラム」は、このような女性受刑者の特性に着目しつつ、当人が無自覚のままある種の自己開示や抱えているさまざまなトラウマからの解放が促進されるという構造を有しているものといえます。

　矯正施設における三つの機能、「□・○・△」においては、「□」としての機能により、それまで獲得・維持できていなかった安心で安全な場所が矯正施設に収容されることによって確保されることになります。被害性を帯びている場合や重大事犯でマスコミや社会の非難から身を逃れる避難所となります。そのような環境を得ることにより、そして、規則正しい生活とそこで出会う、ある種、その場限りの一過性の人々との関わりにおいて、自分自身の心情をこれも初めて吐露できるような場を得ることとなります。施設内においても、また施設を出た後は二度と言葉を交わすことがない、職員やプログラムをともに受ける他の受刑者との関わりとその時間は、「○」として機能し、単なるクロノスとしての計上できる時間ではなく、密度と意味をもったカイロスとしての特別の時間となります。そして、「□」と「○」が当人を支え・機能し出すと、それまで語り得なかった、「自己物語」が他者の支援を受けながら自ずと紡ぎ出されてくることになります。

　この点については、「ことば」の回復という観点から次節において明らかにしていきたいと思います。

3 「絆プログラム」の構造

　グループによる絵本の読みあいを重ねること、そして、その成果を特定の誰かに伝えるために「録音」するという、矯正指導としての「絆プログラム」がどのように、参加者の「立ち直り」を引き出していくのか、その構造等をみていくこととします。

(1)「語り」を聞き合う場

　立ち直りの中核に位置する「自己物語」に着目すると、その書き換えをとおして犯罪や非行から立ち直った新たなアイデンティが出現すると整理されます。そして、犯罪や非行からの回復の「自己物語」を通して、再犯しないで社会に受け入られる生活を送ることの基礎となる自己がはっきりと確立することになります。このような「自己物語」が形成され、また、書き換えが行われるためには、他者との関係性が形成される場が不可欠といえます。[7]

(2) 自己物語の形成：主我（I）と他我（me）が共生する自己

　物語論においては、自己を物語ることから、自己が形成されると整理されています。[8] そして、その「自己物語」が語られ聞かれることにより、他者や社会との関係性が構築されることになります。矯正施設内での処遇は、自身が物語る存在として自覚・存在し、その上で、犯罪・非行からの回復・立ち直りの「自己物語」が形成されるように支援することを目的とすると、改善モデルに内在する過剰な人格介入や逆効果といった懸念が解消されることになります。つまり、施設収容の場における支援の目的・内容を、「自己物語」の書き換えを創出し得る関係性を提供することに再構築すると、支援者にも当人にも負担が少なく、また、社会復帰後の支援にも共通し得る目的・目標が設定されることにもなります。

このように目的が再構築されると、その支援の前提として、自己の物語を語り得る自己が形成されることが必要となります。物語療法（ナラティブ・セラピー）では「自分を語ること」が「自分自身を構成し、自分自身を経験すること」と整理されています。ある種のパラドックス的ではありますが、自己が形成されるためには、自己内において、語られる自己と語る自己との会話が行われ、自己の経験を言語化することを通してくり返されることにより、自己が立ち上がるということです。

　つまり、自分自身を語る「自己」と会話が形成されるためには、「語る」役割と「聴く」役割が一人の自己の中に存在するようになります。社会との相互作用の中に自己を位置づける G.H. ミードはこのような「自己」の構造を「他我 (me)」と「主我 (I)」という用語により整理しています。「私」という主我が安定するには、「私」を他者のように把握する別な視点の存在が不可欠であり、そのような視点から自分自身を把握すること、それが「他我」の役割です。端的に言えば「客観的」といえる他者の視点が自己内に形成されることにより、「自己の物語」が語られ始める、ということでもあります。

　このような人格的自己同一性[9]ともいえる自己物語の確立においては、主我と他我だけではなく、自己の語りを聞き承認する役割を担う他者（の視点）がさらに必要とされます。そして、自己内の言語化がうまく表出・整理されない場合には「筋立て」による手助けが必要とされます[10]。たとえば、自分自身に生じた・生じてきたさまざまな体験や経験を明らかにすることに強い抵抗や無意識の回避が生じているなどの、自己の中から「その物語」を言語化して外在化することがうまくいかない場合です。その「筋立て」は、自己と同様な体験を通った他者の語りやさまざまな成長物語に内在しているものです。矯正の機能における「△」の機能の主我と他我ともう一つの役割・存在がこの「筋立て」であるともいえます。この「筋立て」の助けを受けなが

ら、自己の物語を語り得る「自己」が立ち上がってくるといえます。

「絆プログラム」における「絵本」は、まさにこの「筋立て」の役割を担っているといえます。いきなり自分自身を語り出すことは、通常でも起こりにくいことです。「絵本」を読むという行為によって、自らの声をまず発することから、自己への探究が始まります。そして、徐々に「絵本」の中にある「物語」を自己の経験の中に浸透させていくことにより、他我の視点が形成されていきます。くり返し語り聞かれる体験を通して自己に浸透した「物語」がある種の触媒となり、語り得なかった自己の物語の存在を主我に気づかせ、さらに、その「自己物語」を他我の視点から物語れることとなる、という構造を「絆プログラム」は内在させているといえます。

(3) 自己物語の形成における他者との関係

　自己物語はこのような自他との対話・関係性を通し形成されるものといえます。未だ自分自身で自己物語を語り、他者からの納得を得たことがない年少者や被害性を有している者、自分自身の言葉を奪われ続けてきた者であればあるほど、安心して自己が語られる対話の場が確保されることが不可欠といえます。その対話の場とは、「私は何者？」という不安を理解し、そのような不安を抱く自分自身の存在をも受容してくれる、自己以外の存在が必要となります。その他者に対して、語り得ない自己を語られ得るためには、「信頼」が存在し、そのような信頼関係が構築され自分自身がさらけ出される「居場所」がその場に形成されていることが不可欠ともいえます。また、その信頼関係は、互いに語り得ない物語を聞き合う関係として、指導や注意・指示をする関係ではなく対等で同質な「フラットな関係」であることも必要とされます。

　このような、対等で信頼が形成される他者の役割は、また、その物語を確認し承認してくれる存在としても位置付けられるものといえます。互いの物

133

語を聞き合うという相互作用を通して、語り得なかった物語が語られ新たに語り直され、他者による承認という行程をとおして、それまでの自己が「自己物語」を語り得る唯一の自己としての存在、自己の有意義性に気づくことになります。それは、人格的自己同一性とともに物語的自己同一性[11]の獲得がなされるともいえますが、他の誰でもない大切で有意味な、実存者としての自己形成がなされる、とも言い換えることができるものです。

「絆プログラム」のその場と時間は、物語られることを可能とする「空間」であり、ファシリテーターも一人の物語る者として、その「空間」を構成するメンバーとして存在しています。否定も排除もされず、また、支配も管理もされない「空間」が出現することにより、互いの声・物語が響き合うことになります。そのような場において、立ち直り・更生を語り得る大切で唯一無二の実存者の存在を互いに承認し合うことにより、ある種の「修復」がそこに発生してくることになります。

(4) 非専門家としての他者の役割

　これまでみてきたように、自己物語が語られるためには、当事者自身が未だ気がつかないエピソードを語り得るものとし、自己の物語となり得るために再配置できるように、本人を支える他者（他我）の存在が不可欠とされます。その他者は本人が何者であるのか、またどのような物語を語り得るのか、そして、その物語が紡ぎ出されるために必要とされる「筋書き」といったものをあらかじめ知り得ているものではない、ことが重要です。本人以外の本人をすでに知っているとされる存在は、知り得ている情報に本人を意識・無意識のうちに誘導するという危険性を有しています。「未だ語られえなかった物語」、「立ち直りの自己物語」が語られるためには、鏡と同様な機能で対話を重ねる役割を担っていることが、必要不可欠といえます。その場に居合わせる他者はその当事者性をもって、常に非専門家的な立ち位置であ

134

りつつ、当人に共感しその語りを無意識に写し得る「鏡」としての役割を担い得る、非常に高い専門性を有しているともいえます。

　また、「立ち直りの自己物語」が当人に形成されるためには、このような物語る瞬間を引き出し共有する場が必要となります。その上で、自分自身の経験の中から未だ語れない、語れていない出来事・物語の存在に気づき、そして、それを新たな物語として選択し物語となり得るように再配置することが必要となります。そのためには、当人にとってはこれまでは瑣末な出来事として認識していたものや、ある種のトラウマを形成し絶対に思い出したくない出来事の意味を再認識し、重要な有意味な出来事として、新しい自己物語の中に紡ぎ直す作業が不可欠となります。この作業においては、当人が当人自身に向き合い続け、そして新たな気づきに達するために、常に無知の姿勢で対話を重ねる他者としての存在が必要とされます。他者としての支援者の役割と立ち位置がこれまでと大きく変わる必要がここに示されています。

　絵本の読みあいのために集まったメンバーは、互いの声を聞き合う体験を重ねることにより、その声の変化と「筋立て」としての「絵本」の物語の意味の変化に気づくことになります。その気づきを互いに共有すること、場合によっては「ことば」にならない他のメンバーの気持ちを代弁したり、形成されようとする新たな物語に寄り添うことを通して、新たな立ち直りの「自己物語」が形成されていくことになります。

(5)「希望の自己物語」の形成

「絆プログラム」は単なる絵本の読みあいで終わっていません。読みあいの「声」は特定の人へ届くように、くり返し練習され、その成果は「録音」されることになります。

　この過程を通じて、当人は眼前にいない他者を意識することになります。眼前にいない他者へ自分自身の声を届ける、という意識をもち続けること

135

は、矯正施設の三つの機能として整理される「□・○・△」のうち、△の機能がより濃く作用することになるといえます。その結果、他我と主我と他者とのトライアローグという、1対1の対話とは質的に異なる三者が内在する対話が形成されることになります。

　このような1対1の対話とは異なる第三の視点を含むリフレクティング（省察）的な対話により、自己の語り得なかった過去のエピソードに気付きそれが物語として語られることとなります。その物語の形成過程を通して、本人にとってこれまで受け入れることができず隠蔽忘却せざるを得なかった事柄との修復と和解が形成されていくことになります。そして、そのように語り直された物語は、新たな成長への期待を含めた新しい自己物語として語られる「希望の自己物語」となります。その物語は、他者と社会に還元され、どこかの誰かの「生きづらさ」を解消する一つの「筋立て」として希望の連鎖が生じていくことにもつながっていきます。

(6) 矯正施設における指導プログラムとしての意義

「絆プログラム」の処遇構造を「自己物語」の形成とその書き換え、という視座から捉え直してみると、改善更生といった矯正モデルでは判然としていなかった、その目的と方法、さらにそのための処遇集団のあり方が明確化されてきます。

　具体的には、自己を物語ることから、自己が形成され、自己が物語として形成されることにより、他者や社会との関係性が構築されるということです。この構造をもとに犯罪・非行からの回復・立ち直りは、この「自己物語」の書き換えを継続していくこととも再構築され得ます。そして、矯正施設内で展開される処遇は、この「自己物語」の書き換えを創出し得る関係性を提供することにあると新たな意味が提示されることになります。つまり、処遇に関与する者は、当人らが、それぞれに生きる現実を理解し、その現実

の中に将来に向かう新たな「希望の自己物語」が語られるように、協働する
役割を担う支援者・伴走者として位置付けられることになります。[12]
「立ち直り」が形成され、定着されるためには、語り合い聴き合うそのよう
な物語が形成される場と、また、その物語の内容を理解する他者の存在が不
可欠とされます。そのような人々が存在する場、しかも語り合い聴き合う相
互作用が生じる場として、「絆プログラム」は有効に機能しているといえま
す。その証左の一つが参加者一人ひとりの受講後のワーキングシートや指導
者とのやり取り等によって明らかにされています。[13]立ち直り・更生の自己物
語がどのように語られているのか、このような視点から、それぞれの声をぜ
ひ、聞き直していただきたいと思います。

●注 ────

1　PFI とは Private Finance Initiative　の頭文字をとったもので、公共事業に公的な
　　資金ではなく民間（Private）資金（Finance）を調達・活用（Initiative）すると
　　されるものである。1980 年代以降に英国で始められた、官民協働による公共サー
　　ビスの新たな提供の手法である。

2　『行刑改革会議提言』行刑施設における人的物的体制の整備（1）施設の増設
　　p.46.

3　同質（ピア）の立場や経験、課題を有しているものによって構成されている集団
　　（グループ）であり、臨床場面においては、同質性を集団の凝縮性として活用し
　　た治療共同体的な作用が生じる。

4　この雛形・枠組みはギリシャ語では「ミメーシス」と言われ、その模倣を通して
　　他においても同一性が形成されるという作用を示している。

5　「正の罰」とは、本人とって不利益となるものや特定の作業を科すなどの罰が加
　　えられること、「負の罰」とは本人から特定のものや権利を奪い、食事をさせな
　　い、罰金を支払うといった罰を与え、本人の不適切な行動等を抑止・変容させる
　　ために用いられる一つの道具・手段である。

6　ギリシア語では時間を言い表す言葉として、クロノスとカイロスという二つの言

葉があり、前者が量的時間、後者が質的時間とも意訳される言葉である。

7　少年院における立ち直りの形成過程を「物語論」から検討した先行的な研究としては、仲野（2015）、稲葉（2012）等の報告があるが、「立ち直り」自体の形成やその構造等についての言及は少なく、本稿ではその形成過程を当事者の「自己物語」の確立とその変容から検討している。

8　野口裕二（2018）『ナラティブと共同性』青土社、p.42.

9　人格的アイデンティティとは、アイデンティティを人格の形成と捉える上で、同一性へと集中することによって形成される「性格」と、時間の経過（それに伴う成長や発達）やさまざまなエピソードによって拡散する「自己性」が生じ得る、自己存在そのものを意味する。

10　筋立ては P. リクールの自己論でも主張される機能である。リクールは、「自己」を「物語る」存在として位置づけ、「人格的自己同一性」と「物語的自己同一性」に着目し、「自己」の有り様について検討を行っている。また、野口（2005:120）は「筋立て」は物語の定型性を担保するものとして次のように説明している。「『物語の定型性』は、逆説的に、個々人の物語の個別性を保証する受け皿として機能している。定型的な枠組みを共有することで、逆に個別性が明瞭になる。定型的な物語は、個別性だけにとらわれていては文字通り『筋』の通らない物語に普遍的な『筋』を与えてくれる。その普遍的な『筋』のうえに個別の経験が盛り込まれるとき、それは個別的な物語となる。こうして、物語は普遍性と個別性を同時に獲得する。『私たちの物語』は同時に『私の物語』になるのである。」

11　物語的アイデンティティとは、「人格的アイデンティティ」のもつ不安定さを、「筋立て」により調和を図るという特質があり、それは自分が自分であることを「物語」として他の人の前に提供されることにより形成されるものとされる。そこには、語られ・聴かれるという構造、自己が他者とともにその場を形成することによる相互作用が必要とされる。

12　「希望は、未来にあるものが現在や過去の中にもある。希望は、ひととの結びつきであったり、自信というようなものから生まれてくる。そのひとを支えたりするものが、希望である。」白井（2003:40-45）という指摘は、過去の出来事や他者との関係性を通して形成される「立ち直りの自己物語」に希望が内在し得ることを示している。その希望が新たな物語を形成するとするならそれは「希望の自己物語」といえる。

13　語り合い聴き合う相互作用が人格形成等の基盤となることについては、岡田（2009）等においても論じられてきている。

● 参考文献 ─────

相澤育郎（2015）「ソーシャル・インクルージョンと犯罪者処遇：「公正」と「効率」のモメントから」『龍谷大学矯正・保護センター研究年報』5:16-36.

稲葉浩一（2012）「第6章「更生」の構造——非行少年の語る「自己」と「社会」に着目して」広田照幸ほか編著『現代日本の少年院教育　質的調査を通して』名古屋大学出版会:139-65.

岡田敬司（2009）『人間形成にとって共同体とは何か——自律を育む他律の条件』ミネルヴァ書房

岡田敬司（2014）『共生社会への教育学——自律・異文化葛藤・共生』世織書房

吉間慎一郎（2017）『更生支援における「協働モデル」の実現に向けた試論——再犯防止をやめれば再犯は減る』LABO

鯨岡峻（2016）『関係の中で人は生きる——「接面」の人間学に向けて』ミネルヴァ書房

熊谷晋一郎編（2017）『みんなの当事者研究』（『臨床心理学増刊』第9号）金剛出版

小林隆児・西研編著（2015）『人間科学におけるエヴィデンスとは何か——現象学と実践をつなぐ』新曜社

白井利明（2003）「〈希望〉の心理学」矯正協会『刑政』114（4）：40-45.

中島学（2012）「成長発達・社会復帰を支援する施設内処遇の在り方について——少年院におけるボーイスカウト活動の展開を通して」日立みらい財団『犯罪と非行』173：165-180.

仲野由佳理（2015）「「調停者」としての矯正教育：「ナラティヴ」の観点から」矯正協会『刑政』126（5）:14-24.

野口裕二（2002）『物語としてのケア——ナラティヴ・アプローチの世界へ』（シリーズ ケアをひらく）医学書院

野口裕二（2005）『ナラティヴの臨床社会学』勁草書房

野口裕二（2018）『ナラティヴと共同性——自助グループ・当事者研究・オープンダイアローグ』青土社

野田由美子（2003）『PFIの知識』日経文庫

法務総合研究所（2018）「青少年の立ち直り（デシスタンス）に関する研究」『研究部報告』58

矢原隆行（2017）「北欧の刑務所におけるリフレクティング・トークの展開」日本更生保護学会『更生保護学研究』10:18-25

Fabienne Brugère（2013）*L'Éthique du « care »*（Que sais-je?）no3903 DUF.Paris.

邦訳＝ファビエンヌ・ブルジェール 著　原山 哲・山下りえ子 訳（2014）『ケアの倫理——ネオリベラリズムへの反論』白水社 文庫クセジュ

Illich,Ivan（1973）*Tools For Conviviality*,Marion Boyars

邦訳＝渡辺京二・渡辺梨佐共訳（2015）『コンヴィヴィアリティのための道具』ちくま学芸文庫

Maalouf,Amin（1998）*Les Identités Meurtrières*,Grasset & Rasquelle.

邦訳＝小野正嗣訳（2019）『アイデンティティが人を殺す』ちくま学芸文庫

Maruna,Shadd（2001）*Making Good: How Ex-Convicts Reform and Rebuild Their Lives*, American Psychological Association.

邦訳＝津富 宏・河野荘子監訳（2013）『犯罪からの離脱と「人生のやり直し」——元犯罪者のナラティヴから学ぶ』明石書店

Ricoeur,Paul（1992）*Oneself as Another*, University of Chicago Press.

邦訳＝久米 博訳（1996）『他者のような自己自身』法政大学出版局

Young,Jock（1999）*The Exclusive Society*,SAGE,

邦訳＝青木秀男他訳（2007）『排除型社会——後期近代における犯罪・雇用・差異』洛北出版

5.

2020年の読みあいから
見えてきたもの

──哀しみを得て生きすすむ

コロナ禍で不安や警戒心が渦巻き、〈ふれあい〉という言葉も宙に浮いてしまいました。だからこそ、プログラムの中で絆が編まれる過程を残すことに意味があるのではないかと考え、ここに2020年の記録をまとめました。

第1回目を終えて 9月14日　ここからいっしょに回復の道を

●コロナ禍で半年延期してのスタート

　9月14日、マスクにフェイスシールドという二重装備で、受講するメンバーを待ちます。教室の椅子の配置もいつもより間隔が開いているので、なんとなくよそよそしい感じがしないか、心配です。プログラム開始直前に参加者の資料を確認すると、今回のメンバーの中にはパートナーや元夫、父親や義父との深い亀裂がある人が多かったので、第1回目に紹介するつもりだった絵本『パパ、お月さまとって！』と『うんこ日記』を急きょ取りやめて、家族関係を想像したり父親の影が見え隠れしたりしないシンプルな『おかあさんのパンツ』★（＝巻末リストに掲載）を読みあうことにしました。

　当初『パパ、お月さまとって！』を選んでいたのは、子どもの願いに本気で向きあう気持ちは、必ず子どもにも届くということを、実際のエピソードを通して話してみたかったからです。また、『うんこ日記』は、私が児童養護施設で出会った子のエピソードがもとになった自作の絵本なので、同じように施設に子どもを預けているメンバーもいるこの場所では、他人事としてでなくわが子に心を寄せながら耳を傾けてもらえるのではないかと考えてのことでした。でも、個々の過去のつらい経験が引っかかりとなってこれから始まる絵本世界の入り口でつまずいてしまっては、素直に先へ進んでいけなくなるので、屈託のない絵本に選び変えたという訳です。

●初回は『おかあさんのパンツ』でシンプルに

おかあさんのパンツ
山岡ひかる
絵本館

さて、『おかあさんのパンツ』の文章は見開き2場面を使って、次のように進んでいきます。

〈1場面目〉
おしりにポッチリ
さくらんぼのパンツ。
おかあさんがはいたら、

〈2場面目〉
ゴロンゴローン！
りんごになった！

　子どもがはいたかわいいパンツの絵柄が、次のページをめくるとお母さんがはいて大きく伸びた絵に変わる、という単純なくり返しです。

　絆プログラムの教室でみんなと読みあうまでは、「どうってことのないやりとりが親子の楽しい思い出になっていくね」というような語りかけを軽い導入として行い、それで終わるつもりでした。

●もう1枚の皮膚

　実際に読み始めると、参加している全員がくつろいだ表情で、くすくす笑いながら見入っています。緊張で固まった教室の空気が一気に和らいでいきます。私もリラックスして読んでいたのですが、途中まで読み進めたところで、ハッとしました。この子、自分のパンツをお母さんがはくことに何のためらいもないんだな。

　絆プログラムに対しては、その場で感じたことはなるべく隠さず正直に伝えあうと決めているので、そのまま最後まで読み終えてから、みんなに向かって、「ねぇねぇ、今気づいたんだけど、これって、私のパンツはサクランボのパンツで、お母さんのパンツはリンゴのパンツだって言ってるんじゃないんだよね」と打ち明けました。

　みんな、何を言い出すのかと、キョトンとしています。「この子、自分のパンツをお母さんがはいたら、って言ってるんだよね。パンツって、からだにくっつくものだから、もう1枚の皮膚みたいなもんだよね」。実に突拍子もない話をしたものです。

　すると突然、メンバーの一人さらさんが「それって、まだ皮膚がつながってるってことですよね」と発言しました。かみしめるような少し低くて静かな声でした。ほかのメンバーがその声を聞きながら小さくうなずきました。そのうなずきを見て私の心が動きました。
「皮膚がつながってるって、すごい言葉だね。みんなも、離れている子どもを感じながら絵本を読んでいるあいだ、ちゃんと子どもと心の皮膚はつながっていますよ。つながってるんだと、きっと実感できますよ。それを楽しみにいっしょにやっていきましょうね」。私はそう、本気で語りかけました。

●文学から遠ざけない

　そのとき教室に流れた深い了解は、マスクもフェイスシールドも離れた椅

144

子も関係なく、みんなを結んだ気がします。そして、改めて思いました。

　この人たちは文学への親しみの経験がないから、難しい言葉を知らないから、すさんだ日々を重ねてきたから、人を疑うことしか知らないから…などと言って文学から遠ざけてはならない。抱いている哀しみが彫った傷には、ていねいな「手当」が必要だ。薬だけを処方してもダメで、根気よく塗り込む手助けがいる。その「手」は不器用だったり時にはまちがった場所にすり込んだりもするかもしれないけれど、「手当」する側もだんだん加減がわかってくる。いっしょに回復の道を歩いて行けばいいのだ、と。

● 本を仲立ちにして人と感じあう

　矯正施設等に入所している子どもに向けた読書サービスについては、近年さまざまな模索が続けられています。[1]読書経験が豊富な子どもたちばかりではないので、本に関心をもってもらうために、文学書や芸術性の高い本にこだわることなく、スポーツ選手の伝記や将来の職業などの情報が得られる実用書などから本に近づいてもらうことが提案されるようにもなってきました。

　読書サービスを提供する側のおとなは、たいてい本好きであるため、せっかくならいい本をと選書する場合が多く、これまで避けられがちだった軽い読み物に光が当たるようになってきたことは、歓迎すべきことです。「図書館に足を向けてもらうようにする」「本を毛嫌いしないでもらう」ということを第一歩にすることも大事なアプローチです。

　けれど、人が自分の足で立って歩いていくためには、読みやすい本を手渡すだけでなく、傍らにそれを見守り共感しあえる誰かがいて、本を仲立ちに人と感じあう経験が必要だと思います。この考え方を貫くためには、実用書や軽い本をすすめるだけでは不十分です。その場限りの興味で本をめくるだけでは、自分を中心に置いた視野は広がっても、社会への信頼は生まれにくいからです。

● 子ども時代を生き直し、自分と向きあう時間を育てていく

　絆プログラムは、表向きには子どもに絵本を読んであげられるようになるという目標を掲げていますが、実は他者の声や自分の声を介在させながら、受刑者自身が子ども時代からの生き直しを図り、自分と向きあう時間を育てていくことをめざしています。読みあううちに作者の意図をはるかに超えて、自分の心の内側の声を登場人物に託してみたり、他者の声を聞きながら自分の子ども時代のわずかだけれどもないわけではなかった幸福な思い出をたぐり寄せてみたり…。拘束された不自由な空間の中で、心をどこまでも自由にできるような本との出会いを経験してもらいたい。そのためには、適切な選書だけでなく、ささやかな心の変化を見守り認めてくれる場と、傍らの人の存在が、なにより重要になってきます。

　入所時に彼らが記した心理テストの穴埋め問題で、ほぼ全員が「人間は」の問いに「信用できない」と書いていました。でも、「そうとばかりも言えない」とプログラムを通して感じるようになってもらいたい。その手助けをする傍らの人に、私はちゃんとなれるだろうか。そんな不安と責任の重さで押しつぶされそうになりながら、教室を後にしました。

　あぁ、去年もその前の年も、同じような気持ちで、この絆プログラムの第1回目を終えたんだっけ。

● ブックリスト──────

『パパ、お月さまとって！』エリック＝カール さく　もりひさし やく　偕成社

『うんこ日記』村中李衣×川端 誠　BL出版

● 注──────

1　正井さゆり著　広島県立図書館監修『すべての子どもに本との出会いを──児童自立支援施設・児童相談所・矯正施設への読書活動の支援』（溪水社、2017年）に詳しい。

第2回目を終えて 9月28日　気持ちをゼロ地点にもどして

●あら？　何か違う

　2週間ぶりに顔をあわせた6人のメンバー。顔をあわせたその瞬間に、1回目のような緊張と警戒心がすでにかなりほどけているのを感じました。リラックスした感じは、それぞれの椅子の腰かけ方からも伝わってきます。

　今回の指導目標は〈ペアになって自分で選んだ絵本を読みあってみる〉です。その前段階として、1回目と同じようにまず、私が6人に向けて絵本を読んでみます。今回選んだ絵本は『トラといっしょに』★。ひとりで過ごす子どもたちを想うメンバーの気持ちは、この絵本の世界とぴったりなのではないかと思い、迷わず選びました。憶病でやさしい少年が主人公で、彼に寄り添い暗い夜の世界をともに旅するトラのまなざしが、孤独な時間と空間を温めるやわらかな灯のように感じられます。どのページを見ても威風堂々としたその姿の内側に、トラの心の動きが読み取れ、いとおしい。少年だけでなくトラにとってもかけがえのない時間がそこに描かれています。

　1人と1匹が静かに寄り添い進んでいく雰囲気をイメージしながら、穏やかな気持ちをゆったりした声に預けて読み進めました。画面は夜を描く暗いトーンに包まれているのに、不思議と冷たさを感じさせません。ねぇ、そうだよねえと、6人のメンバーのほうへ顔を向けると、あら？　何か違うぞ。みんな、よそ見もせずしっかり絵本の画面を見ているけれど、それだけといった感じです。一人ずつと目をあわせてもたっぷりと満ち足りた感覚の共有が行き交わないのです。

　え？　どうして？　不安が心をかすめました。何とかそれでも最後まで読み終え、本を閉じました。少し間をおいてから「どうだった？」と聞いてみ

147

ると、みんなどう答えてよいかわからないといった表情。沈黙が流れました。「トラも少年もふたりとも気持ちよさそうだったねぇ」と語りかけてみると、さらさんが「うちの子も夜暗いのを怖がったりするので、こういうお話を聴いて怖くなくなるんだったらいいかもしれません」と、ようやく口を開きました。それに続いて「たしかに」と小さく賛同のうなずき。

そうか、自分がどう感じたかでなく、〈夜を怖がらせないための絵本〉っていうふうに真っ先に考えるのかぁ。思いもよらない発言だったのでつい、「子どもって楽しくて明るい存在だと思いがちだけれど、生まれてくるまで、暗い場所にひとりでうずくまっていて、お母さんの心臓のどっくどっくという鼓動だけを聴いているんだよね。みなさんは子どもをひとりぼっちにさせてかわいそうだ、申し訳ないと思っているかもしれないけれど、大丈夫だよ。今回の絆プログラムを通して、この絵本の中のトラみたいに、離れた場所にいても、お子さんが歩く道の傍らに静かに寄り添うことはできるからね」と、解釈を押し付ける発言をしてしまいました。

案の定、私の言葉を聴いたメンバーたちは、「そうか、そういうふうに読むのかぁ」とでもいうように、神妙な顔でうなずいていました。このうなずきは頭だけでの理解です、きっと。

こんなふうなごもっともな解説を付けて、物語の中に引っ張り込んじゃだめでしょう？　彼らの自然に湧き上がってくるナマな感情を待って、そこに少しの言葉で意味付けしていくだけにとどめるんじゃなかったの？　何を気負ってるんだ、私！…平静を装いながら、内心とても動揺していました。

● 封印してきた母親の役割意識

続いて、ペアでの読みあいが始まりました。最終的に読みあう絵本ではなく、まずはお試しのつもりで1冊絵本を選び、ペアの相手に自分の読みを聴いてもらいます。お試しと言っても彼らは真剣な顔で「これを読んだら、

お友だちとけんかをせずに仲よく過ごしてくれるかな」と言いながら、『そらまめくんのベッド』★を選んだり、「優しい心のもち主になってほしいので、これがぴったりかも」とつぶやきながら、『どうぞのいす』★を選んだりしていました。

　どの人の選び方も、子どもが健やかに育つよう「役に立つ絵本であること」が基準になっています。それは、わが子にはこんな自分のようにはなってほしくない、という切実な思いから、ともかく「せっかくなら役に立つより良い絵本」の助けを借りようとしているように見えました。その真剣さとひとつなぎのところに、『トラといっしょに』に対する〈夜を怖がらないようにしてくれる絵本〉という受けとめもあったのかもしれません。

　これまで出会ってきたグループでは、こんな言葉が聞かれました。
「せめてこの本を読んでいるときだけでも、わが子に笑ってほしい」
「離れていても、母さんはずっと、あなたのことを思っているよって伝えたい」
「ひとりの時間が長くて寂しいだろうから、その寂しさを消してあげたい」
　自分のせいで苦労をかけてしまうわが子への申し訳なさ、哀れさ、いとおしさなど、理屈を超えたさまざまな感情が複雑に入り混じった言葉が生々しく噴き出してくることが多かったのです。

　今回のメンバーには、まだそこまで自分自身の心の内側をのぞく余裕がないのかもしれません。封印してきた母親としての役割意識が蘇ったとたん、自分の感情より先に「良い子に育てなければ」という教育意識が一気に前に出てくるのは、当然といえば当然のことです。それで精いっぱいだという今の彼らを認めなければ始まりません。

　初回、2回目と、表面的には和やかな雰囲気でプログラムが進んでいるからといって、そうそう簡単に彼らの固く閉じた心の内側が開かれるはずもありません。

● 徹底的に寄り添う覚悟

　このプログラムが始まった12年前よりも、社会に巣くう無関心は広がってきています。目の前にいる彼らは加害者ですが、その生きてきた道のりを知れば、彼らを排除し無視し続けたコミュニティの被害者といえなくもない部分が少なからずあります。

　そんな孤独な場所で、わが子の苦しみや悲しみを和らげるために本当の意味で「母さんには何ができるだろうか」を自分自身に問いかけていくことはたやすいことではありません。でも、プログラムを続けていくということは、その困難な道のりに私自身が徹底的に寄り添う覚悟を決めるということです。勝手に「こうあってほしい」をふりかざして、がっかりなんかしている場合じゃなかった！

● 誰でもなく「母さん」が読む絵本

　いよいよセッションの終わりが近づいたころ、何冊かの絵本を選び読んでみたちかさんが「あの、うちの子、今施設にいるから、こっちのほうが施設の友だちとの関係を思うとためになるかもしれないんだけど…」と言いながら、『まつげの海のひこうせん』★をかざして見せてくれました。「でも、こっちの絵本のほうが、私にはぐっとくるんですよね。で、やっぱりこっちを読んだほうが、〈母さんらしい〉って思ってくれるかも」と言いながら、『ぼちぼちいこか』★を差し出して見せてくれました。

　ちかさんは、迷ったけれども、わが子に「母さんらしい」と思ってもらえるかもしれない絵本を見つけたようです。誰でもなく、母さんであるちかさんが読む絵本…どきん、としました。ここからだ。今はまだ自分そっちのけで子どものために頭をフル稼働させている状態かもしれないけれど、あと4回のプログラムでどんな道が開かれていくか、どう心が動いていくか、私も気持ちをゼロ地点にもどして見守ることに努めたい。

第3回目を終えて
10月12日

ていねいに生きるヒントはどこにでも

⬤ 薄ピンクの手作りマスク

　秋の日差しが差し込む女子教育・職業訓練棟への通路を進みます。まだ第2回目のプログラムで感じた思いの伝わりにくさが残っていて、ちょっと足が重い。一つ深呼吸して教室のドアを開けると、メンバー6名が一斉にこっちを向き笑いかけてきてくれました。すうっと体と心のこわばりがほどけていきます。椅子に座り、一人ずつを見渡すと、あらっ、全員が前回までと違う薄ピンクのやわらかそうな手作りのマスクをしています。

　「いいですねえ。そのマスク」と言うと、ちかさんが「私が行ってる工場の作業で全員のを作ったんです」と、目を輝かせて答えてくれました。

　その答えにあわせて、ほかのみんなが、「へえ、そうだったんだ」「これちかさんの工場のかぁ」「いいよね」「うんうん、すっごくいい感じ」と口々に小声で伝えあいます。「じゃあ、もう作り方をマスターしたんですね。いつでも大事な人に作ってあげられますね」と言うと、ちかさんが、大きく「はい」とうなずきました。誇らしそうなその姿がちょっとまぶしい。

　さて、今回はみんなの前で1冊ずつ絵本を読んでみることになっています。誰もがうまく読めるだろうかと、不安半分期待半分といったようすです。

⬤「今、何が食べたい？」たわいない語りかけ

　「じゃぁ初めに、ちょっと、自分が今食べたいものを言ってもらいましょうか？」と呼びかけました。「わぁっ」とみんなの表情が緩みます。たわいないこんな語りかけも、ここへ来てからは無縁のもので、食べたいとかほしいとか、そんなことをしゃべってもいいんだ、と思うだけで気持ちがほぐれる

151

ようです。プログラムを開始した当初は、どうせ食べられないのになんでそんなことを聞くの？と反発されるのではないか、ひやひやしていましたが、一見どうでもいいようなこういう語りが意外に大事なのだと、だんだんわかってきたのです。

　メンバーそれぞれが口にした食べ物の名は「いちごポッキー」「チョコレート」「モンブラン」「チーズケーキ」「プチトマト」「ちゃんぽん」でした。「わぁ〜、スイーツが多いですねぇ」と言いながら、私はホワイトボードに絵を描き始めます。男の子と女の子の前に大きな丸テーブルがあり、そこに、6名が口にした食べ物をどんどん描いていきます。

　へたくそな絵を大まじめに描く。みんなが口にした食べ物を一生懸命描く。自分が口にした言葉が私を通してそのまま絵になっていく姿をみんな不思議そうにくすぐったそうにながめています。3分ほどで描き終え、「さぁ、子どもたちにどれから食べてもらう？」。みんな「え〜！　そういうこと？」と笑いながら、「やっぱり冷めないうちにちゃんぽん」「それから、プチトマトをサラダ感覚で…」と、和やかに順番を決めていきます。

「はい、ではその順番で読みあっていきましょう」

イラスト●1

　あははっ、そういうことかぁと、笑いながら全員抵抗なく受け入れてくれました。描かれた子どもたちの「わーい、おいしそう♡」「はやくたべたい!!」のつぶやきが、みんなの背中を押してくれているのかもしれません。「どうでもいいと思っていることの中にも小さな愛情を込めようね。ていねいに生きるヒントはどこにでもあるんだよ」と伝えたくて、あえてこんなまわりくどい導入をプログラムの中に取り入れているのです。

● わが子へ向けてそれぞれに

「やってみます」

　トップバッターのなつさんは『たんじょうびのふしぎなてがみ』★を読みました。なつさんは、主人公チムが受け取った手紙に記された謎の記号絵を「つき」「ほし」「いし」と声に出してさっさと読み進め、終わりになってから「え？　こうやって読んじゃまずいですかね？」とたずねてきました。「う〜ん、そうやって読むと、手紙の謎が謎じゃなくなってくるね。謎らしくムムムムムとかカクカクカクとか、ふふんふんふん♪とか、鼻歌まじりに読んでみたら？」とアドバイスすると、「え〜、むずかしいな」と考え込むようす。「そのほうが、読んでもらう子どもが、自分で発見するお楽しみがあるかもね」と全員を見渡しながら付け足しました。

　すると、なつさんが顔を上げ「やってみます」ときっぱり。恥ずかしさも自分の読みやすさもふり払って、わが子のお楽しみのほうへ心を向け直したなつさんの本気が、そこにちらりと見えました。

子どものさらなる新しい一歩

　あやなさんは、『あすはきっと』★を選びました。あやなさんは、前回ペアで読みあったときには、家にあった『そらまめくんのベッド』★を選んでいましたが、今回「なぜか気になるんですよね」と言いながらこの絵本を掲

げて見せました。けれど、いざ読み始めると、文字を追うのに一生懸命で、かなりの早口。文章をかみしめて読む余裕はなさそうです。

　でも、紅潮した顔でせかせかと読み進めるそのようすに、傍らで見守る私は、胸がいっぱいになりました。この絵本は、特別なことなど何もなく無邪気に日々をまたぎ成長していく子どもたちに向け、きょうはあなたにとってどんな一日だったんだろう。どんな一日だったとしても、あすはまた新しい一日として必ずあなたの前にあらわれるよ、と語り続けます。本文の語り手（ナレーション）は、きょうはこんなことがあったね、と子どもが過ごした時間を共有しているのでなく、「きょうは、なにが　あったのかな？」と離れた場所で想像するにとどまっているのです。この絵本の語り手は、子どものそばにはいない。ひたすら〈子どものさらなる新しい一歩＝あす〉を思い描き、そこに願いを込めているのです。

　この絵本の語り口はたぶん、作者から不特定多数の子ども読者たちへの語りかけとして成立したものだと思います。でも、受刑中の母親にとっては、まるで会えないわが子へ向けた祈りの文体にも読めるのです。

　少し絵本の中の文章を引用してみましょう。

　　きょうは、なにが　あったのかな？
　　あめが　ふってたのかな、それとも　おひさまが　てってたのかな？
　　おうちで　あそんでいて、つみ木のとうを　つみあげたのかな？
　　あすは、きょうのより　たかい　つみ木のとうを　つみあげられるし、
　　その　とうがたおれて、おおごえをだす、
　　「うっひゃあっ！」とね。

「ねえ、あやなさん、**あす**の２文字だけ大きく太くなってるね。それって、なぜかなぁ？」と聞いてみました。
「あしたはきょうよりいいことがあるって、信じてるからですかね」

154

「うん、でもそれは、どんなことがあってもきょうの一日をきちんと生ききったからこそだよね。あすがちゃんとくるためには、失敗しようが、いやなことがあろうが、きょうという日をいいかげんに過ごしちゃいけないんだよ、きっと。だから、この絵本読むときには『きょう』っていう言葉と、『あす』っていう言葉を、ちゃんと意識して、伝えてみたらどうかなぁ」

　あやなさんはうなずいて、開いたページの「きょう」と「あす」という言葉を、かみしめるようにもう一度つぶやきました。あやなさん以外の5人もその声にじっと耳を傾けています。

やり直しを恐れない

　ふみよさんは、『せんたくかあちゃん』★を選びました。作者さとうわきこさんが描き出す洗濯好きのかあちゃんは、どこまでもパワフルで、落っこちてきたかみなりさままでも、躊躇（ちゅうちょ）なくたらいで洗ってしまいます。ふみよさんが読み進めると、ユーモアの効いた絵に、ほかのメンバーたちが楽しそうにクスクス。自然な笑い声です。かあちゃんに洗濯されて、顔まできれいさっぱり洗い流されてしまったかみなりさまは、子どもたちに新しい顔を描いてもらいます。鏡をのぞいたかみなりさまは、びっくり。「なんだか　いいおとこに　なっちまったぜ」の言葉に、かあちゃんは「きにいらなけりゃ　もういっぺん　あらってあげるよ」と言い返します。

　翌日、おれも洗ってくれと空から次々に別のかみなりさまたちが降りてきます。かあちゃんは少しも驚かず、「よしきた　まかしときい」。ふみよさんが「よしきた　まかしときい」と少し大きな声で読むと、聴いていたみんながうんうんとうなずきました。「かあちゃん、かっこいい」とちかさんがそり返るようにして、ぼそっと言いました。ふみよさんは、みんなが笑いながら聞いてくれたのが励みになったようで、「これ、いいですよね。子どもも楽しんでくれるかもしれません」と本の表紙をなでました。

少し間をおいてから「ふみよさん、このかあちゃんの一番すてきなとこは何だと思う?」とたずねてみました。ふみよさんは小首をかしげて「元気なとこ?」。「うん、元気なんだけど、その元気の根っこにあるのは『きにいらなけりゃ　もういっぺん　あらってあげるよ』っていう、やり直しを恐れない覚悟なんじゃないかなぁ。だから、かみなりさまたちも、安心してバンバン空から降りてきたんじゃないかなぁ」と語りかけてみました。

「あ、たしかに」とふみよさん。「だから、あなたも、このセリフを読むとき、そんな覚悟で声を出してみたら?　きっとあなたのお子さんも安心するんじゃないかな」。

このプログラムの中では、極力彼らの中から自然に生まれ出てくる感情やその感情について出てくる言葉を待つようにしているのに、これはちょっと言い過ぎたかな、ふみよさんにはまだ重すぎることを言ってしまったかな?という反省が頭をよぎりました。けれど、ほかの5人のメンバーたちが、ふみよさんのほうを向いて、ガッツポーズを無言で送り、ふみよさんもみんなのほうを見てうなずいています。メンバーの中から、同じ思いと課題を抱える仲間への自然なエールが生まれているのを感じました。

つい出てしまう一人に向けた指導・助言的な言葉も、横のつながりがあれば、自然にその強さを弱め、逆に大事なことだけ広げ伸ばしてもらえます。よかった!　自分を相手の外に置かず、同じ励ましを必要としている者として内側に立とうとしたときに、本当の絆が生まれ始めるのかもしれません。

● みんなの前で読み終えて

こんなふうに他者の読みを真剣に聴きあう空気が90分間教室の中を満たし、気づいたら6人の読みあいすべてが終わっていました。「はやい。夢中であっというま」とちかさんがつぶやきます。「ほんと」「ほんとだね」と、みんなが賛同します。

156

イラスト●2

　ふり返りのワーキングシート B を各自が記入しているあいだに、私は、ホワイトボードの絵を描き直していきました。並べた料理は、全部食べ尽くされて空っぽに。子どもの表情は、幸せでうっとりと…。

　みんなより先にシートの記入を終えたさらさんが、両手を膝の上に置いてじいっと絵の中の子どもたちを見つめています。何を考えているんだろうか？　どんなふうにわが子を想っているんだろうか？

　きょうここで読みあった誰もが、どうか、声のごちそうでわが子のひもじさを満たせるようになりますように。早くその日が来ますように。

他者を鏡に自分をのぞく

◉ 6人の確かな絆

4回目の授業は、ワーキングシートBの返却から始まりました。ワーキングシートには、前回みんなの前で絵本を読んだ感想と、読みに関する質問事項に対して、私からのコメントや、質問への答えが書き加えてあります。返却されたワーキングシートをじいっと見入るちかさん、さらさん、ふみよさん。その横でひとり大きくため息をついているのあさん。みんなのようすをちょっと不安げに見やっているあやなさん。少し遅れて教室に入ってきて、急いで席に着くなつさん。

そろったところで、「じゃあ、きょうのあいさつを」。みんなの「よろしくお願いします」の声に、期待感と気力のようなものがまっすぐに伝わってきます。自然と私も「さぁ、やるぞ」という気になり「きょうは4回目ですね。じゃぁ今回は〜」と言いかけると、「あぁ、早い」「あっというまだわ」「きょうが終わったら、あと2回しかないんですよね」と、それぞれが次々に思いを口にし始めました。

ひとしきりみんなの思いが吐き出されたところで、さぁ始めようとすると、今度は、6回目の録音終了後、できあがったCDと絵本を送ることをどうやって家族に知らせて了解を取ればいいのかとか、絵本の注文はどうやってするのかとか、いつ送れるのかとか、具体的な質問が次々に出てきて終わりそうもありません。きっと、きょうこの教室に来るまでに何回も何回も絵本とCDを届けるまでの段取りを思い浮かべ、何回も何回も子どもの手もとに届く日のことを思い浮かべたのでしょう。

ようやく問いと答えのやり取りが終わったなと思ったとき、ちかさんが

「CDといっしょに贈る絵本は、領置金（自分が持ってきたお金）でなく、作業報奨金（自分が刑務所内で労働してもらうお金）で買いたいなぁ。ちゃんとここで働いたお金で」とつぶやきました。小さい声でしたが「ちゃんと」の声、「ここで」の声、かみしめるようなその声に、胸を突かれました。わが子を想う心の内に今、何の汚れもないことを自分自身で確かめているように見えました。みんな、静かにうなずいています。

「今のあなたたちのこんな心の葛藤をお子さんたちは知らないんだけれど、でも100パーセントの純粋さで自分のことを想い続けてくれているお母さんがいるのといないのとでは、ぜんぜん違う。離れていてもこんなふうに自分のことを愛している母親がいるというその事実が、子どもにとって大事な気がします」と伝えました。6人全員が心を開いて聞いてくれているのがわかります。浪花節のようにも説教くさくもならないようにと、さらっと伝えたつもりですが、ほんとうは、「見えなくても形にならなくても、そこにできる限りの誠実さを込めようとする今のその気持ちこそが、わが子とあなたを結ぶ一番確かな絆なんだよ！　どうか今のその気持ちを忘れないで！」と叫びたかった。

⬤ いっしょにうなずく「うんうん」

　さて、本読みの練習は、次回の予行録音と同じ形式で行うことにしました。昨年までのグループでは、「はやい、はやい」「ちょっとはやくなってる」「落ち着いてもっとゆっくり」と、まずは語りのペースを整えてあげる必要があったのですが、今年のメンバーは緊張していると言いながらも、読みは淡々としています。マイペースといった感じ。問題は、長い文章になると途端に文字を追うことに気を取られ、物語の世界の外に出てしまうことです。そのことを指摘すると、声を出して読んでいる本人も、耳を傾けているメンバーたちも、すぐに「たしかに」と納得します。自分の出した声をふり

返ることができるし、他人の声を感じ取ることもできる人たちなのです。

　たとえばさらさんは、私が「あ、今の『これじゃだめね』は、他人事の『だめだ』だったね」と言うと「はい、つい流しちゃいました」と素直に認めます。『ぶたのたね』★を選んだちかさんは、私が「あら、今の『ポトンポトン』は、ブタが木から落ちてくる重さじゃないね。せいぜい…」と言いかけると「たしかに！　200グラムかそこらな感じでしたね」と私が言いたかったことを自分のほうに引き寄せ、うまい表現までつけ加えてくれます。なつさんの「はしごを　のぼっていって、まどから　のぞきました。」の声に、「あ、のぞいてないない。ちらっと見ただけの声みたいだよ」とアドバイスを加えれば、すぐに理解しかねているなつさんにのあさんが、「窓枠に手をかけて首を突っ込んでみるみたいな感じで読んでみる…とか」と、しぐさを交えて助け船を出してくれたりもするのです。私は「そうそう、その感じ」とうなずくのみ。

　緊張でなかなか思うように声が出てこないあやなさんが、何、何、何度目かにふわっと明るい声を出すと、すかさずちかさんとのあさんが「出たっ！」と小さなガッツポーズ。「うんうん」とみんなうなずきます。いつのまにか、私もみんなの中に紛れ込んでいっしょに「うんうん」。この、互いに顔を見合わせながらいっしょに「うんうん」を共有する時間は、課題に一人で向きあう時間よりも大事なのかもしれません。

● 感じる気持ちは対等

　そしてもう一つ大事なこと。どんなに和やかにプログラムが進もうとも、私は指導者で彼らは指導を受けている側。そういう平らかでない位置関係があるのは否めません。でも、そんな関係の中であっても、いいものをいいと感じる気持ちは対等です。指導者と同じように他者の声を感じ取れたことで自信をもったり、指導者と同じでなくても自分だけの読みも尊いものなのだ

と自分を認めることができたりする中で、ワンステップ、ワンステップ、自己肯定感を高めていく。この過程が、学ぶ場をていねいで上質なものに変えていきます。そうして、少しずつ、〈声で描く〉ことにみんなが夢中になっていく。「私はもっとできるはず」という自分への期待感とともに。

　ところで、今回の読みの練習には、ちょっとしたハプニングがありました。あやなさんは、一度は、ふわっとした声が出たものの、やはりどうしても緊張を拭い去ることができず、途中から私が一文を読み、そのあとあやなさんが復唱するしかなくなってしまいました。ところが、このやり方にしたとたん、どんなに励まされようと感情を込められず平たんにしか読めなかったあやなさんが、私の読みを完璧にコピーして見せるのです。私には自分と同じように読んでもらいたいという考えはまったくありません。こう読むべきだという考えもありません。ですから、先に読んで見せるときには、いわゆる模範的な読み方でなく、書かれている言葉を私流に表現して読むようにしています。小手先でマネできないようにです。だから、今回あやなさんが、私が読んだすぐあとに、まったくそのとおりに再現してみせたことに、びっくり仰天。思わず「えっ？」とあやなさんの顔を見てしまったほどです。聴いていたみんなも「わおっ」と声を上げました。どの一文を読んでもそっくり。どうも自分の読みを聞かされているみたいで調子が狂います。その調子が狂っているようすにみんなも気づき、必死で笑いをこらえています。ようし、それならばと、かなり表現のレベルを上げて細かな抑揚をつけて読んでみました。でも、これまたそっくりにあとをついてくるあやなさん。「まいりました。もうなんでもできるよ」と言いながら自分一人で読むように新しいページを指さすと、あやなさんは私の顔を見てしばらく先導してくれるのを待っていましたが、ちゃんと一人で読み始めました。初めて自転車に乗る子の後ろで、支えていた手をそっと外したような気持ちでした。

　最後まで読み終え、みんなに「すごいすごい」と言われたあやなさんは、

「先生のまねだったらできるんですけど」と小さい声でつぶやきました。もしかしたらこの人の人生は、ついていくモデルを見誤り、ひたすらにそっちのほうへ引きずられてきたのかもしれない。「まねできるってことは、やっぱりあなたの力よ。恥ずかしさとか、しがらみとか、自分の気持ちとか、ぜぇ〜んぶ投げ捨てられたってことだもんね。その勇気はあなたの力だから」と、あやなさんの目を見て言いました。「ただし、その勇気は正しいことのほうへ向けて使ってね！　あなたのコピー力はウルトラ級なんだから」と、冗談めかしてほんとの思いを告げました。やっぱり偉そうだったかなと、ちょっと心配になりましたが、そっとあやなさんを見やると、口をきゅっと結んで、小さくうなずき返してくれました。

● 他者の声に心を傾ける

　グループで絆プログラムを進めていくことの大切さについて、今回は改めて気づかされました。他者の読みの声に心を傾ける──それは、他者を通して自分をのぞく作業です。他者の読みの声を聴きながら、実は自分も全身でその物語を読んでいる作業。そして、聴きながら途中で、あれ？　ん？　今の読みなんか違うぞ？と自分の体が他者の声からはぐれた感覚をもつ。そのとき、すかさず指導者が「ん？　今の読み、〜〜みたいに聞こえたよ」と読み手に指摘するのを聞くことで、そうそう私もちょうど今、そう感じてたんだ。私の感覚まちがってなかったんだと、安堵する。そして、今、先生が言ってくれたそのこと、私も気づいてたんだよとちょっとだけわかってほしくなる。指導者がその姿を見逃さず「わぁ、ちゃんと聴いて、ちゃんと気づいてくれたんだね」と言ってくれる。それで、小さな子どもみたいに、あぁ、ちゃんと聴いててよかったと、うれしい気持ちになる。指導者はうまく読めなかった部分を指摘された読み手に「見てごらん。ここにいるみんなが必死にあなたの読みを聴いてくれていて、しっかり伝わる読みができるように

応援してくれてるんだね」と、読み手と聴き手である自分をつなげてくれる。そうすると、自然に「まかしといて。私たちがちゃんと聴いててあげるから」というチームの雰囲気が生まれてくる。誰かのために力を貸すというよりも、必要とされている自分の内側（感覚の受信器）を磨いていくことで、自分の存在の意味を強めていく。こんな経験を重ねるうちに、誰かのために心を尽くすことは自分を置き去りにすることではないんだな、とわかるようになっていくのではないでしょうか。誰かのためになることをしましょうと教えられても、そのことによって自分が置き去りになる不安は、誰にだってあります。

　特に、ここに集う人々には、どんな卑怯な手を使っても自分が自分を守らなければ生きていけない背景が少なからずありました。だから他者を大事にすることは、理論の中だけでは身につきません。なかなか手入れのしづらい自分の一番奥底の部分、第三者を主語にせず自分がどうしたいかを素直に感じて表現できる場所をまず育てることから始めていかなければ、他者への優しいまなざしにはつながらないのではないでしょうか。

　ちかさんが、今回の読みの練習が終わったあとで、「ねえ先生、ブタを食べようとして、ちっともうまくいかないオオカミはまぬけだけど、でも、ちゃんと水をやってブタのなる木を育ててましたね」とつぶやきました。ハッとして、「そうだね、失敗しても復讐するんじゃなくてヤケになるんでもなくて、ちゃんとまたブタのなる木を育ててたね」と言うと、「うん、いい絵本です」とにっこりしました。『ぶたのたね』という絵本について、オオカミの失敗のおかしさと、ブタのなる木という発想のユニークさを評価する声はよく聞きますが、「育てている」ということに心を寄せた読み手をそう多くは知りません。

　ちかさんは、絆プログラムの中で、確実に自分の心の内側の手入れをし始めています。

もうこれ以上、あれこれ語る必要がない教室

● さぁ、予行録音

　昨夜からの雨でずんと冷え込む中、絆プログラムの第5回目が行われました。きょうは最終回の本番録音に備えた予行録音。教室に入るともう半数のメンバーが背筋をしゃんと伸ばして待っていました。「こんにちは」と声をかけながら入室すると、パッとふり返ったみんなの顔から「いよいよだ」というような緊張と期待の入りまじった気持ちがうかがえます。

　あとから足早に入ってきた残りのメンバーからも、同じように決意のようなものが。「さぁ、がんばろうね」と声をかけながら「今の私の声、気づいた？　かなり緊張してるよね」と告白すると、「うんうん」とうなずきあって笑いがこぼれます。まちがいなくみんないっしょの空間にいるなと、改めて感じました。

　きょうの録音の順番は、時間の余裕がないのでゲームの中に組み込んで決めるいつものやり方をせずに、くじ引きで素早く決めました。

● ひとりの挑戦・みんなの挑戦

ふみよさん『せんたくかあちゃん』

　一番最初に『せんたくかあちゃん』の録音に臨んだふみよさんは、タイトルの読み方こそ早口でしたが、その後の読み方は、前回の読みよりはるかに感情がこもり、かみなりさまたちのおどけた声や甘えた声も、とてもうまく表現できていました。アドバイスするような部分はほとんどなく、「かあちゃんの肝っ玉の太いところを会話文でさらにうまく出すためには、おなかに手を当てて声が下腹に響くよう意識するといいかも」というような話をし

164

たくらい。こんなふうに自分の体を使いながら登場人物の声の出し方を体得していくやり方に、もうみんなすっかり慣れたようで、ふみよさん以外のメンバーもいっしょにおなかに手を当てています。ふみよさんへのアドバイスを、全員が我がこととして受け入れてくれているようです。

なつさん『たんじょうびのふしぎなてがみ』

次は、『たんじょうびのふしぎなてがみ』を録音したなつさん。前回恥ずかしくてうまく表現できなかった謎の手紙の記号部分を、鼻歌交じりに、難なく読みこなしているではありませんか。「え、え、びっくり。どうして1週間でみんなこんなにうまくなったの？　まだ本の貸し出しもしてないのに、どうやって練習したの？」と言うとみんな、にっこり。「絵本がなくても練習したりしたわけ？」と重ねてたずねると、すでに読み終えたふみよさんが小さな声で、「思い出して頭の中で…」と答えてくれました。

みんなの顔を見まわすと、笑いながらうなずいています。

のあさん『おまえうまそうだな』

のあさんは文章量が多くドラマチックな『おまえ　うまそうだな』★を読むことに決めたようです。「読むのが難しいんじゃないかなとずうっと悩みましたが、やっぱりこれにします」と絵本をきゅうっと胸に抱き寄せ、その決意のまま最後までしっかり読み終えました。けれど、本人はまだ納得がいかないようで、登場する2匹の恐竜の声をどう読み分けていいかわからないと、読み終わっても本番が心配そうなようす。

それで、「2匹は主人公のチビ恐竜に対する愛情がぜんぜん違うやん。片っぽの恐竜の声を出すときは、しっぽの先まで、おまえを好きだの気持ちを詰めて読んでみて。で、もう片っぽの恐竜の声を出すときは、肩から胸のあたりまで、なあんもないスッカスカの気分で空気を吐き出すようにして声を出

してみたらどうかな」とアドバイスしました。

　するとのあさんは目をつぶり、自分の肩に手のひらをあて、ふ〜っと息を吐きながら「やってみます」と力強い返事。きっとできるよ！

あやなさん『あすはきっと』

　次に番のまわってきたあやなさんは、「先生が先に読んでくれれば、そのまねならできるんだけど…」と、また不安げな言葉を口にしました。「大丈夫、もうきっとあなたならできる」とあやなさんの目を見てきっぱり言いました。それでもまだ頼りなげに何度も私のほうを見ながら録音の席に着きましたが、いざマイクの赤ランプが点灯すると、すっと息を吸い込み、くっきりした声で「あすはきっと」とタイトルを読みました。

　その声にメンバー全員、「おっ」と目を見張りました。驚くことにと言うべきか、やはりと言うべきか、決意したあやなさんの声は、私のコピーをしていたときの声よりもずっと骨太で、ずしんと胸に響く声でした。なんだ、こんなくっきりした自分の声をもってるんじゃないの、とうれしくてまぶしくて、横でページをめくるのを忘れてしまいそうになりました。

　読み終えて「何度もかみそうになっちゃいました」と、またまた自信なさげな声にもどってしまったあやなさんに向かって、「そんなの関係ない。すごくよかった！」とさらさんがきっぱり。ハッとしたような顔であやなさんがさらさんを見やりました。「ほんと？」と言いたげな表情。

　私が「さらさんの言うとおり」と言うと、あやなさんは、こくんと大きくうなずきました。

さらさん『もっともっとおおきなおなべ』

　さて、さらさんは、『もっともっとおおきなおなべ』★を、鍋の中のおいしい具材を一つもこぼさないように慎重にていねいに読み進めました。絵本

に描かれた鍋は、ネズミ用→リス用→ウサギ用→ヤギ用→クマ用と、どんどん大きくなっていきます。ところが、その鍋の大きさを伝えるさらさんの声は、ウサギのところでちょうどぴったりな感じに仕上がり、そこからあとの読みは、ていねいでミスはないのだけれど、鍋のスケールが大きくなっていかない気がしました。

「う〜ん、上手だけれどヤギさんのお鍋のあたりから…」とアドバイスしかけると、「はい、あんまり大きくなっていませんでしたよね」とすばやくさらさんの答えが返ってきました。そこで「鍋いっぱいに作るシチューがあふれそうなのは、あなたのお子さんに対する愛情がこぼれそうなのとおんなじ。だから、鍋はどこまでも大きくできますよ」と言いました。さらさんは「やってみます」とうなずきました。私の話を頭で聞くというよりも、自分の心に「できる」と言い聞かせているようにも見えました。みんなも、「できる」。「さらさんできるよ」。

ちかさん『ぶたのたね』

　最後にちかさんが『ぶたのたね』を読みました。「あ〜、緊張する」とくり返し言いながら録音の席に着きます。でも、深呼吸していざ読み始めると、すっかり物語の住人のよう。前回アドバイスしたとおりに、オオカミがキツネ博士に向かって、どうしてもブタの丸焼きが食べたいと訴えるところでは、身体の力を抜いて泣きつくように、「はかせぇ〜」と情けない声を出します。ブタのなる木の横をゾウたちが走り抜けていくところでは、いったん教室の窓の外を見やって、そっちから少しずつ顔の向きをもどすようにしながら「ドスン　ドスン　ドスン」と声を出します。本当にゾウの足音が近づいてくるようです。聴いているみんなも、ちかさんの声の流れをいっしょに目で追っています。ブタが木から次々に落ちてくる「ポトン　ポトン」の音にも、ちゃんと重量感があります。読み終えて「やったねえ。きょう落ち

てきたブタの重さは 200 グラムなんかじゃなかったよ」と言うと、「いけて
ましたか、200 超え」と明るい声が返ってきました。あぁちかさんの心の中
には、この物語が先週からずっと生き続けていたんだなぁとうれしくなりま
した。「そうだ、残念なところが一か所あった！『いちどでいいから　ぶた
を　つかまえて、そいつを　まるやきにして、はらいっぱい　たべてみたい
んです』っていうところの〈まるやき〉と〈はらいっぱい〉のところ…」と
言うとちかさんはすぐに「あ、しまった。脂が抜けてましたか」と前回の指
摘を自分で思い出して口にしました。それを聞いたみんなも、「あぁ、そう
だった！」というように、膝の上で手のひらを打ったりしています。

　一人へのアドバイスはもはや、みんなへの言葉になっているみたいでし
た。「そうそう、ラ行に脂を混ぜてね」と言うと「わかりましたっ！　ラ行
でしたね…」と言いながら巻き舌で「まるやき」「はらいっぱい」を復唱し
ています。「そうそうその調子！」とみんなが口々に励ましてくれました。

●あなたの心の傍らに

　こうして全員の予行録音が、無事終わりました。ワーキングシート C に、
メンバーそれぞれへの応援メッセージを書きました。みんなでほっとひと息
ついているときに、さらさんが「正直、絵本の力をあなどってました。これ
までユーチューブばっか見せてたの、もったいなかった。ごめんなさい」と
早口につぶやき頭を下げました。私たちにでなく、彼女は大事なわが子に向
かって今、自然にごめんねを言っているなと、思いました。その声を何も言
わずにみんなで受けとめました。教室が、もうこれ以上、あれこれ語る必要
がない真実に満たされた空間になっていました。

　次回 6 回目の実施日まで、彼らの手元に実際の絵本を置くことが許されま
す。どうか、何度でも何度でもページをめくりながら、見えないわが子に向
かって語りかけてほしい。

第6回目を終えて 11月16日

「みんな」の中に、「あなた」もいる

●ギリギリの抵抗

　とうとう録音本番の日がやってきました。泣いても笑ってもきょうが今年のメンバーにとって最後のプログラム。私も録音の補助をしてくれるスタッフも緊張気味。少し早めに教室に入ると、まだ誰も座っていない椅子が六つ。そしてその椅子たちに背を向けるようにマイクをセットした録音机が置かれています。ちょっと違和感のあるセッティング。前回終了間際に、「録音のときだけは、集中できるよう、ほかのメンバーの顔が見えない向きで録音したい」と切実な要望があったためです。「え～、みんな応援する気持ちでいっぱいなんだから、背を向けて録音するのはどうかなぁ」と反論してみたのですが、「そりゃそうなんですけど、恥ずかしさが出て録音失敗するといけないので」。「ほんと、マジで集中したいんです」と、口々に必死で訴えるものですから、12年目にして初めて〈孤独な録音ブース〉を作ることになりました。

　しばらくその〈孤独ブース〉をながめていましたが、やはりこれじゃダメな気がしてきました。そこで、ホワイトボードを録音机の前にもってきて、6人全員の似顔絵と、6人を応援する元気な子どもたちの顔を描き始めました。ひとりずつの顔を思い出しながら夢中で描いているうちに、6人たちが次々教室に入ってきました。緊張してやって来たのだと思いますが、迎えてくれるはずの先生が、自分たちにお尻を向けてホワイトボードに何かを必死に描いているもんだから、拍子抜けしたはずです。
「先生、何してるんですかぁ？　え、それって…」。ふり向くと、絵本を胸に抱いたみんなが笑っています。「うん、そうだよ、みんなだよ。絶対、ひ

169

とりで録音させたくないの。絵でもいいから、みんなの顔が見えるように。これがギリギリの私の抵抗よ」と言うと、気持ちをわかってくれたらしく、やれやれ仕方ないなぁとでもいうような半笑いの表情で、それぞれが席に着きました。穏やかな空気が流れます。

● それぞれの本番

「さぁ、始めようか」と言うと、メンバーの一人が号令をかけ、全員で「よろしくお願いします」のあいさつ。力のみなぎる生き生きとした声がそろいました。みんなのこの声、いいな。

　いきなりあやなさんが「さびしいです。先生ともみんなとも、きょうが最後なんてさびし過ぎます」と訴えてきました。「何言ってるの？　まだ終わってないよ。これからよ！　これから大仕事が待ってるんだから」と言うと、みんなも「うん、そうそう」とうなずきます。「でも、それが終わったらもう会えなくなります」と、なおもあやなさん。ちかさんが「たしかに。あと、う〜ん、4回はほしいよね」とフォロー。「4回って…何？　その根拠」と笑いながら改めてみんなの顔を見ました。「とにかく早かったですもんね」と、のあさん。「はい！　しみじみはあとまわしにして、では始めるよ」とわざと強めに言って、録音の順番を決めました。なんとトップバッターは、教室に入って来てから「さびしい」を連発していたあやなさん。わっ、大丈夫かな…。

あやなさんの録音

「いい？　もうあなたは、自分の力で一番いい読みができるはず。私にはわかる。必ずできる」と、私自身にも言い聞かせるように、声をかけました。姿は見えませんが、背後からみんなの「ぜったいできるよ」の声が聞こえてきます。

　さて、一度だけ私のほうを見やり、深呼吸してから『あすはきっと』を読み始めたあやなさん。その読みは、想像も心配もはねのけ、圧巻の出来映えでした。すらすらまちがえずに読むとか表情豊かに読むというレベルを超えて、一語一語に祈りを込めた声が、わが子のところまで届くのびやかな読みでした。せっかく積み上げた積み木の塔が倒れて落ちる様を語る「うっひゃあっ！」の大声には、床に転がる積み木とわくわくする気持ちの両方が見えるようでしたし、「丘にのぼったり…丘をおりていったり…」丘と読むときには、小さな靴で地面を蹴るようすまで見えるよう。ちょっと不思議な「ふうらり　らっほー，ひいらり　らっほー，」というできたての歌は、本当に子どもたちの口からもれるようでもありました。

　そして、練習であやなさんが難しいと言っていたカタカナ書きの子どもたちの名前「フランシー」や「ベッティ」や「プーリー」は、どの名前をとっても、気恥ずかしい絵空事なんかでなく、いつかわが子が出会うかもしれない、そして友だちになるかもしれない未来の友だちのように、愛情たっぷりの声で読まれました。すべてのページを読み終わり、ゆっくり本を閉じたあとの「おしまい」の声は、くり返してきた「さびしい」「もっといっしょに」の声とは違う、落ち着いた幕引きの声でした。

　読み終わった瞬間、みんなの拍手よりも先に、あやなさんの目からぶわっと涙がこぼれました。「よくやった」「今までで最高だよ」という偽らないメンバーからの声を背中で受けながら、あやなさんは深く頭を下げました。

のあさんの録音

　2番目に録音に向かったのは、のあさん。迷いに迷って前回『おまえ　うまそうだな』を読むことに決めたのでしたが、きょう録音席に着いたのあさんの顔に迷いはありませんでした。絵本をしっかり握って「きょうはほんとに、全部捨てます。子どものことだけ思って読みます！」と自分に言い聞か

せるように宣言しました。「ほう、ほう」とちかさんが大きくうなずいてのあさんの背中に「がんばれ」とエールを送りました。みんな息をのんでのあさんの読みを見守っています。か細いきれいな声ののあさんの読みは、チビ恐竜ウマソウの声にはぴったりだと前回もみんなが認めたのですが、親以上の愛情をもってウマソウを見つめるティラノサウルスの気持ちをうまく表現できず、それが本番での課題でした。心すさんだ乱暴者のティラノサウルスが、自分のことを父親と信じて疑わず、屈託なくなついてくるウマソウに対し、しだいに情愛を深めていくようすを、おなかに力を入れて、ていねいに読み上げていきます。ウマソウを狙うキランタイサウルスをやっつけたあと、自分を信じてそばで眠るウマソウを見つめながら、「おれみたいに　なりたい、か」とつぶやくセリフがあります。そしてこのセリフに続いて「せなかの　きずよりも　こころが　ずきん　ずきんと　いたむ　よるでした。」というナレーションが入ります。一般の本読みボランティアの人が読んでも、演じすぎるとくさい芝居のようになってしまうおそれのある箇所です。

　ところが、のあさんの読みは、その声だけで心の疼きがそのまま伝わってきました。聴いている全員が息を詰めてのあさんの読みの行方を見守っているのがわかります。ストーリーは山場を迎え、「おとうさんみたいに　なりたい」をくり返すウマソウに対して「おれみたいに　なったら　だめなんだ。いや、おまえは　おれみたいに　なれないんだよ」と言ってのけるシーンには、のあさんのわが子への思いが乗り移っているようです。自分への腹立たしさと戒めと、そして、自分とは違う道を歩んでほしいというわが子への祈りがないまぜになった、悲しく切なくやりきれない声でした。

　すべての読みを終えたあと、泣きながらのあさんは告白してくれました。「途中で気持ちがあふれ出て泣いてしまうんじゃないかと心配でたまりませんでした。でも、ティラノサウルスがウマソウの幸せだけを願ってがんばったんだから、私もがんばろうと思って…」。あとは声になりません。

　6回目にしてようやく少しだけ彼女の心の内側を見せてもらった気がしました。彼女の小さくはかなげな声は、読みに自信がなかったからでなく、ティラノサウルスが真正面から吐き出す思いを自分の思いそのものだと認め、逃げずに自分の声にするのが怖かったからではないか。何度も何度も自分の部屋で絵本を読み返したというのあさんの試練は、主人公たちの気持ちになって読むことでなく、主人公の気持ちを自分の気持ちとして引き受ける決心にあったようです。「逃げずに読めました」とのあさんはつぶやきました。

さらさんの録音

　さて、3番目に録音席に着いたのはさらさん。真っ先に彼女が口にした言葉は「やりにくいな」でした。一瞬みんな「え？」となりました。が、ちかさんがすぐに、「そうだよね、超大作が続いたもんね」とさらさんを思いやる言葉に言い替えてくれました。前の二人が〈感動に次ぐ感動〉の読みをしたあとだからプレッシャーがかかっちゃうかもしれないなぁと心配ではありましたが、このプログラムでは、自分を誰かと比べるような言葉は口にしないというのが暗黙の了解になっていました。比べたって仕方がない。子どもと別れ、みんな同じ苦しい状況にいる。ここが、それ以外のことを捨ててつながりあう唯一の空間であると知ってみんなで守ろうとしてくれているのを感じてきただけに、さらさんの突然のひと言は胸に刺さりました。「大丈夫。絵本によって、感動的な読みが生まれるものもあれば、あなたが選んだように楽しくてほっこりできるひとときをくれる絵本もあるんだから。どっちも子どもにとっては必要だからね」と言葉をかけながらも、心がざわつくのを抑えられません。さらさんは、私を見つめ返し「そうですよね。私は楽しく読みます」と、見えない何かに挑むような声でした。

　さらさんの選んだ『もっともっとおおきなおなべ』は、ネズミ→リス→ウサギ→ヤギ→クマと、せっかく作ったごちそうが鍋からあふれるほどになっ

173

たため、もっと大きなお鍋を求めて、次々に森の動物たちの借り物リレーが
展開していくのですが、5回目を終えた時点でのさらさんの読みの課題は、
ウサギ以降、お鍋からあふれる料理とそれを入れるお鍋のスケールがうまく
出せないことにありました。5回目の予行録音が終わったとき、「あんまり
大きくなっていませんでしたよね」と自分の声を分析できていたので、あふ
れる料理はあなたの子どもを想う愛情そのものだから、どこまでも大きくで
きる、と伝えてきました。

　さて、きょうさらさんは、どんなふうにあふれる思いを届けてくれるのだ
ろうと耳を澄ませました。さらさんの声は、やはりとびきりきれいで、お話
の中の森がキラキラ明るく輝いて見えます。でも、あれ？　ネズミの作った
シチュー、お鍋にいっぱいというけれど、まだ入るんじゃないかな？

　あれ？　リスのシチューも「あふれそう」と読んでいるけど、もっともっ
と入るんじゃないの？　もっともっと大きいお鍋がいるんじゃないの？…と
私はきれいな読みの声を聞きながら、内心気が気ではありませんでした。い
よいよさらさんの得意なウサギの場面。ウサギさんの声は、やはり、とって
もかわいいけれど、でも…あふれるほどのシチューが見えない。そのままヤ
ギさんのところへ、そして最後にクマさんのところへ。読みはどんどん進ん
でいきます。

　どうした？　緊張してるせい？　クマの場面になったとき、私はたまら
ず、身ぶり手ぶりで「大きく読んでね」の合図をしました。すると、その合
図に気づいたさらさんは、声のボリュームだけを大きくして読み進めていき
ました。最後のページを閉じてさらさんが語った「おしまいっ」は、パッと
お話の世界から立ち去るような声でした。これまで練習のときにも聞いたこ
とがなかった読み方です。ただの一度も詰まらず上手に読めたことはまちが
いありません。外の世界で絵本読みをしている方々に引けを取らない上手な
読みだったともいえます。でも…と思っている私の横で、さらさんが「こん

なんじゃない。私、ちゃんとできるのに」と小さくつぶやきました。

　その声は後ろに控えていたメンバーの誰にも聞こえなかったと思います。そのあと、席にもどっても、さらさんは下を向いたままでした。ただ黙ってそこに座っていました。何があったのだろう。なぜ最後の最後の録音で、自分の読みを手放してしまったんだろう。そして手放したことに気づいている今、どんな気持ちでいるんだろう。それを問いただすことはできません。いたたまれない気持ちで先へ進みました。

　残りの3人、なつさんもふみよさんもちかさんも、うっすら汗を額ににじませながら、膝の上でぎゅっとこぶしを握りながら、そして、最後の「おしまい」の言葉をまるで「大好きです」の代わりのように声にしながら、録音を完成させました。

●「やり遂げましたね」

　全員が無事に録音を終えたあと「やり遂げましたね」の声かけに、さらさんをのぞき全員が「はい」と大きくうなずきました。そのあと、一人ずつに、絆プログラムを通して気づいたことや、今の気持ちを語ってもらいました。みんなが一様に口にしたのは「みんながいてくれたから」と「こんな自分でもまだやれることがある」という言葉でした。「その『みんな』の中に、まちがいなく『あなた』もいたんだよ」と告げたとき、ハッとしたように私の顔を見たのは、さらさんでした。

　理由はわからないけれど、きょうのあなたは、みんなの中の一人でいることが苦しかったんだね。それでも、そういうあなたがみんなの中の大事な一人であることに変わりはないんだよ。

　私の声にならない声は、いつかさらさんに届くだろうか。

　ワーキングシートDを全員が書き終わるのを待ってから、みんなに向け、準備していた手紙を渡しました。

一人ひとり、6人への手紙

さらさんへ

　最初の回から、しっかりご自分の頭と心で考えようとしてくださっていましたね。感じる心が強いあなたは、これまでにたくさん傷ついたり、人を信じられなくなったこともあったでしょうね。でも、一番大切なことは、ひたすらあなたの大事な子どもたちの幸せのために心を尽くすこと。それが十分にできた6回でしたね。

　ていねいにていねいに、愛情あふれるお鍋のようすを語ってくれたあなたの声は、とっても素晴らしかったです。嘘のないほんとうにきれいな声でした。

　これから、どんな状況の中でも、絆プログラムでのがんばりを思い出して、あなたにしかつくれない幸せな食卓を用意し続けてください。きっとできると信じていますよ。どうか途中で投げ出さないで。出会えてうれしかったです。

Rie

ふみよさんへ

　いつも落ち着いて、メンバー全体のようすを見守る立場でいてくれましたね。その姿は、せんたくかあちゃんの潔さに重なって見えました。

　絵本読みの練習の中で気づいた、いやならなんどでもやりなおしてあげるというせんたくかあちゃんの言葉、これは厳しい人生を生き抜いていかなければならない人への何よりの励ましの言葉です。お子様にとっても、ふみよさん自身にとっても、ぴったりくる道が見つかるまで、何度でも何度でもやり直す大きな勇気と強さをくれる言葉でしたね。

　この言葉を誰よりも素敵に声に出して読むことができたあなたなら、この先、絶対に大丈夫だと私は信じています。迷ったら、道を見失いそうになったら、あなたがきれいにしてくれた青い空を見上げてください。幸せを祈っています。

Rie

あやなさんへ

　絵本読みにいっしょうけんめい取り組むあなたの姿が忘れられません。自信がないと言いながら、私の完全コピーをらくらくとやってのけた素晴らしい才能にびっくりさせられましたよ。でも、私の読み方でなく、おひとりで『あすはきっと』を語るあなたの声は、実に堂々としていて、私はとっても好きでした。

　これまで苦しいことが多すぎて、誰かに助けを求めずにはいられない気持ちの日々が続いてきたのかもしれません。でも、そんな日々を乗り越え続けた「きょう」があるからこそ、「希望のあす」もやってくるのです。あやなさんの「あす」がいい日になるよう、いつでもどんなときでも応援しています。

　絆プログラムに参加してくれてありがとう。

のあさんへ

　お子様に届ける1冊を迷いに迷い、最終的に難しくてもきちんと思いを伝えられる絵本にたどりついた、その過程がとても尊いものでした。それは、ずうっとお子様の幸せを願い、「どこにいても誰よりも愛しているよ」の思いを育てる時間でもありましたね。

　あなたの絵本を読む声はとってもまっすぐで、やさしい声でした。嘘や演技では、あの優しさはつくれません。あなたの心の一番奥にあるものは、まちがいなく優しさであると思いました。それゆえに、傷ついたり揺れたりもするのです。

　これからは、これまで以上に大きな愛で、一番大切なものを守ってくださいね。絆プログラムに参加してくれてありがとう。

なつさんへ

　いつもマイペースで、おだやかに練習を重ねてくださいましたね。そして、おっちょこちょいの私を見ては、よくにっこりしてくれていましたね。あのにっこりは、人を差別せずにまるごと愛せる力の証だと思います。生きていくのに大切なやさしい力です。

　『たんじょうびのふしぎなてがみ』の暗号のような文字は、読むのがとっても難しいのに、ひたすらお子様が楽しんでくれる姿を思い浮かべて練習し続けたその努力が報われる日がきっと来ますよ。悲しいことばかりが続くことは決してないから。目の前で「ハッピー　バースデー！」と言ってあげられる日のために、一日ずつをていねいに過ごしてくださいね。

　絆プログラムに参加してくれてありがとう。

　　　　　　　　　　　　　　　　　　　　　　　　　　　　　　　Rie

ちかさんへ

　回を追うごとにあなたの語る言葉の一つひとつが、宝石よりもきれいに輝いて見えました。「オオカミはずるいことばっかりじゃなくて育てることをしてる」と言ってくれたときには、涙が出そうになりました。誰も気づいてあげられないオオカミのいいところをちゃんと見抜けるあなたなら、やがて思春期に差し掛かるお子様の心の深いところを理解してフォローできるようになると信じていますよ。

　信用できない世の中に嫌気がさしたこともあるかもしれないけれど、悪いことばっかりじゃないからね。私はあなたと出会えて、本気で楽しかったし、あなたが幸せになるように本気で祈ってます。

　ここを卒業したら、ときどきは巻き舌も上手に使って、〈はらいっぱい〉の幸せを味わってください。元気でいてね。

　　　　　　　　　　　　　　　　　　　　　　　　　　　　　　　Rie

●自分を映し出す鏡を持って

　しんとした教室の中、私の言葉が、小さな羽を持ち、一人ずつの胸へ入っていくのを感じました。渡し終わったあとで「ごめんね、あんまり力を入れて色画用紙にメッセージを貼り付けたもんで、気づいたらせっかくの手紙がびろんびろんになっちゃった」と言うと、ちかさんが「わかります、わかります。こんなふうに貼ってくれたんですよね」と、手紙を片手で持ったまま一生懸命糊をこすりつけるしぐさをおどけて見せてくれました。みんなが笑っています。受け取った手紙を胸に引き寄せ、笑っています。

　すると、さらさんが、突然顔を上げて「私、保育士になりたいと思います。資格を取れるようにやってみます。必ず」と打ち明けました。いきなりの決意表明にみんなが「おお」と感嘆の声をあげました。さらさんの言葉の奥にどんなものがあるのか、前回から今回までの時間のあいだに何があったのか、なかったのか、私には知ることができません。

　けれど、先ほどの録音の小さなつまずきだって、自分の身体の中をくぐらせてから出した言葉には違いありません。後悔の念をふり払い、未来の夢を語っておかずにはいられなかったその言葉をまるごと受けとめたいと思いました。

　いよいよの別れ際、ちかさんが「先生、身体に気をつけて。私らは、ずっとここだから、たぶん大丈夫だけど…先生は、コロナとか気をつけて」と言ってくれました。その言葉を聞いた瞬間、「ここにいる」みんなと「外にいる」私の関係なんだと、プログラムのあいだ忘れがちだった〈見えない壁〉を思い出しました。

　幼い頃からくり返された親からの虐待、極度の貧困、実父や夫からの暴力、暴力団の巧妙な手口により誘い込まれた薬物の世界。そこからなんとか抜け出し壁を這い上がろうともがく過程にある彼らを、「外の世界」は容易に受け入れてはくれない。孤独につけ込み、手を変え品を変え執拗に追いか

け、隙あらば闇の世界へ再び引きずり降ろそうとするでしょう。

　でも、絆プログラムをもうずいぶん前に終了したメンバーの一人は、言ってくれました。

「どんなに、ここでいいプログラムを学んでも、実際に外に出たら誘惑に負けてしまうんじゃないかと正直不安もあります。でも、絆プログラムは、自分が鏡だったから、私が私である限り、きっと忘れないでいられると思うんです」

　コロナ禍にあって誰もが、見えない何かに閉じ込められているような息苦しさを感じてきていると思います。でも、人とふれあうことを禁じられ最も不自由な生活をしている受刑中の人たちが、こんなふうに自分を映し出す鏡を握りしめ、その先へ歩き出そうとしているのです。

　逆境の中にあっても鏡が曇らないよう、これからもその磨き方をいっしょに考え続けようと思いました。

そばにいない 相手のことを想って —— 読みあえる絵本リスト90

　ここで紹介するリストは、絆プログラムでの読みあいを前提にしたものではありますが、絆プログラムの手順通りでなくても、さまざまな理由でいっしょに暮らすことができない家族のことを想って読みあえる絵本として、幅広く活用していただけます。

　読みの技術に関係なく、声に出して読むことで温かな気持ちになれ、離れた場所にいる大切な人をすぐ近くに感じられるような絵本を選んでいます。読みあいながら、これまでの人生をふり返って不足していた部分に気づき物語の中で補うようなことも、悪いことだけじゃなく良かったことだって自分の人生にはあったんだと思い出すことも、許容してくれる懐の深い絵本——そうした絵本を選んだつもりですが、どの絵本がどの人にその力を発揮してくれるかは、実際に読みあってみないとわかりません。

　また、配慮して選んだつもりでも、何気ない表現が読む人と聴く人の心に怒りや哀しみを巻き起こしてしまうことだって、多々あります。けれど、図らずもそういう深い傷にふれてしまったときこそ、ごまかさず、自分の内面と向きあい、一歩先に踏み出すチャンスでもあるのです。そんなふうに乗り越えた事例は、本書の中でご紹介したとおりです。

- ● 日常的な家族の団らんシーンがある絵本や、母親が台所や居間で家事をしているようなシーン、あるいは、家族で遊園地や動物園に出かけるような絵本は、そのような経験が薄い可能性もあるので、体験的にイメージしやすいものを選びました。
- ● 母親・父親という役割や配偶者との関係に負の感情をもっている人もいるので、「お父さんとお母さん」がペアになって登場する絵本については慎重に検討しました。
- ● 強い教訓性を外側から与えてしまうような絵本は避け、自分の内側から自然に生まれてくる感情と向きあいやすいような絵本を選びました。

（村中李衣）

1
子どもが
乳児（0〜2歳くらい）の場合

いーれーてー	わたなべあや	アリス館
★ いろいろごはん	山岡ひかる	くもん出版
★ おかあさんのパンツ	山岡ひかる	絵本館
おつきさま こっちむいて	片山令子:ぶん　片山健:え	福音館書店
おひさま あはは	前川かずお	こぐま社
かえるとカレーライス	長新太:さく	福音館書店
がたん ごとん がたん ごとん	安西水丸:さく	福音館書店
かばくん	岸田衿子:さく　中谷千代子:え	福音館書店
きたきた うずまき	元永定正:作	福音館書店
くろねこかあさん	東君平:さく	福音館書店
ごぶごぶ ごぼごぼ	駒形克己:さく	福音館書店
さよなら さんかく またきて しかく	松谷みよ子:文　上野紀子:絵	偕成社
じゃあじゃあ びりびり	まついのりこ	偕成社
★ しろくまちゃんのほっとけーき	わかやまけん:作	こぐま社
ぞうくんのさんぽ	なかのひろたか:さく・え	福音館書店
★ そら はだかんぼ！	五味太郎:作	偕成社
だるまさんが	かがくいひろし:さく	ブロンズ新社
とっとこ とっとこ	まついのりこ:さく	童心社
どんどこ どん	和歌山静子:作	福音館書店
なにをたべてきたの？	岸田衿子:文　長野博一:絵	佼成出版社
はい ちーず	山岡ひかる	アリス館
ぱか ぱか	福知伸夫:さく	福音館書店
はけたよ はけたよ	かんざわとしこ:ぶん にしまきかやこ:え	偕成社
はじめまして	新沢としひこ:作　大和田美鈴:絵	鈴木出版
ぴょーん	まつおかたつひで	ポプラ社
ぼくのくれよん	長新太:おはなし・え	講談社
まり	谷川俊太郎:文　広瀬弦:絵	クレヨンハウス
もこ もこもこ	たにかわしゅんたろう:さく もとながさだまさ:え	文研出版
りんごがドスーン	多田ヒロシ:作・文・絵	文研出版
わにわにのおふろ	小風さち:ぶん　山口マオ:え	福音館書店

2
子どもが
幼児（3〜5歳くらい）の場合

★ あすは きっと	ドリス・シュワーリン：ぶん　カレン・ガンダーシーマー：え　木島始：やく	童話館出版
あのくも なあに？	富安陽子：ぶん　山村浩二：え	福音館書店
おばけのバーバパパ	アネット＝チゾンとタラス＝テイラー：さく　やましたはるお：やく	偕成社
おばさんのごちそう	五味太郎	絵本館
かみさまからのおくりもの	ひぐちみちこ	こぐま社
★ きんのたまごにいちゃん	あきやまただし：作・絵	鈴木出版
ぐりとぐら	なかがわりえこと おおむらゆりこ	福音館書店
★ こすずめのぼうけん	ルース・エインズワース：作　石井桃子：訳　堀内誠一：画	福音館書店
三びきのこぶた	瀬田貞二：やく　山田三郎：え	福音館書店
三びきのやぎのがらがらどん	マーシャ・ブラウン：え　せたていじ：やく	福音館書店
しんせつなともだち	方軼羣：作　君島久子：訳　村山知義：画	福音館書店
★ せんたくかあちゃん	さとうわきこ：さく・え	福音館書店
★ そらまめくんのベッド	なかやみわ：さく・え	福音館書店
★ たんじょうびのふしぎなてがみ	エリック＝カール：さく・え　もりひさし：やく	偕成社
★ ちいさなき	神沢利子：ぶん　高森登志夫：え	福音館書店
★ ちびゴリラのちびちび	ルース・ボーンスタイン：さく　いわたみみ：やく	ほるぷ出版
★ どうぞのいす	香山美子：作　柿本幸造：絵	ひさかたチャイルド
とべ！ ちいさいプロペラき	小風さち：作　山本忠敬：絵	福音館書店
とべバッタ	田島征三	偕成社
どろんこハリー	ジーン・ジオン：ぶん　マーガレット・ブロイ・グレアム：え　わたなべしげお：やく	福音館書店
のろまなローラー	小出正吾：さく　山本忠敬：え	福音館書店
ばけくらべ	松谷みよ子：さく　瀬川康男：え	福音館書店
ピーターのくちぶえ	エズラ＝ジャック＝キーツ：さく　きじまはじめ：やく	偕成社
まあちゃんのながいかみ	たかどのほうこ：さく	福音館書店
まほうのえのぐ	林明子：さく	福音館書店
めっきらもっきら どおんどん	長谷川摂子：作　ふりやなな：画	福音館書店
★ もっともっとおおきなおなべ	寮美千子：作　どいかや：絵	フレーベル館
★ ラチとらいおん	マレーク・ベロニカ：ぶん, え　とくながやすもと：やく	福音館書店
わたしのワンピース	にしまきかやこ：えとぶん	こぐま社
わにさんどきっ はいしゃさんどきっ	五味太郎	偕成社

3
子どもが
学齢期（6歳以上）の場合

あさになったのでまどをあけますよ	荒井良二	偕成社
アフリカの音	沢田としき	講談社
★いいからいいから 1〜5	長谷川義史	絵本館
★いつかはきっと…	シャーロット・ゾロトフ:ぶん　アーノルド・ローベル:え　やがわすみこ:やく	ほるぷ出版
おさるのジョージやきゅうじょうへいく	M.＆H.A.レイ:原作 福本友美子:訳	岩波書店
おだんごスープ	角野栄子:文　市川里美:絵	偕成社
★おまえ うまそうだな	宮西達也:作絵	ポプラ社
おまたせクッキー	ハッチンス:さく　乾侑美子:やく	偕成社
カブトくん	タダサトシ	こぐま社
きみの行く道	ドクター・スース:さく・え いとうひろみ:やく	河出書房新社
きょうりゅうのたまご	なかがわちひろ	徳間書店
★くまのコールテンくん	ドン=フリーマン:さく まつおかきょうこ:やく	偕成社
最初の質問	長田弘:詩　いせひでこ:絵	講談社
さっちゃんとなっちゃん	浜田桂子:さく・え	教育画劇
ジャリおじさん	おおたけしんろう:えとぶん	福音館書店
11ぴきのねことあほうどり	馬場のぼる	こぐま社
そらとぶクレヨン	竹下文子:文　鈴木まもる:絵	金の星社
だいじょうぶだいじょうぶ	いとうひろし:作・絵	講談社
ともだちや	内田麟太郎:作　降矢なな:絵	偕成社
★トラといっしょに	ダイアン・ホフマイアー:文　ジェシー・ホジスン:絵　さくまゆみこ:訳	徳間書店
どんなにきみがすきだかあててごらん	サム・マクブラットニィ:ぶん　アニタ・ジェラーム:え　小川仁央:やく	評論社
花さき山	斎藤隆介:作　滝平二郎:絵	岩崎書店
★ぶたのたね	佐々木マキ	絵本館
ぼくを探しに	シルヴァスタイン:作 倉橋由美子:訳	講談社
★ぼちぼちいこか	マイク=セイラー:さく　ロバート=グロスマン:え　いまえよしとも:やく	偕成社
まっくろネリノ	ヘルガ=ガルラー:さく やがわすみこ:やく	偕成社
★まつげの海のひこうせん	山下明生:作　杉浦範茂:絵	偕成社
山は しっている	リビー・ウォルデン:作　リチャード・ジョーンズ:絵　横山和江:訳	鈴木出版
よかったねネッドくん	シャーリップ:さく やぎたよしこ:やく	偕成社
わたしがあかちゃんだったとき	キャスリーン・アンホールト:作 角野栄子:訳	文化出版局

愛したかったら、愛せばいい

　本書をまとめる準備をしていた 2020 年春に、COVID-19 感染拡大という未曽有の出来事が世界各地を襲いました。〈ふれあう〉という言葉が私たち人間の豊かな関係性の核になっていたはずなのに、それが最も危険とされ、どんどん日常から排除されていきました。

　ふれあえないことのつらさ、厳しさ、孤独感を誰もが実感する中で、受刑者と共有してきた12年の時間から、〈会えなくても、見えなくても、ふれることができなくても〉わが子と自分のあいだにある関係を信じて生きる絆プログラムの意味を伝えることは、なおさらに意味があるのではと、心を奮い立たせました。

　本文中にも記しましたが、2020 年のプログラム最終回で、参加してくれていた受刑者のお一人に「私らは、ずっとここだから、たぶん大丈夫だけど…先生は、コロナとか気をつけて」と真顔でいたわりの声をかけられた瞬間、くるりと世界が反転したような、いや、反転が許される平らかな関係性が生まれていたのだという思いに胸をつかれました。

　絆プログラムの中では、指導者も受刑者同士も、ひとつの目的に向かって助け助けられながら、存在の価値を学んでいきます。特別な環境の中で過ちの意味を問いただされる日々に、ほんのわずかな時間だけれど、寄り添わせてもらう。そこから浮き上がってきたのは、人間本来の「愛したい・愛されたい」「愛したかった・愛されたかった」という、ごく自然な感情。やはり特別な人などいなかったのです。

　絆プログラムは「愛したかったのに・愛されたかったのに」とうずくまる心を「愛したかったら、愛せばいい。愛されたかったら、愛されるように生き

ていいんだよ」と、錆びついたチャンネルを切り替える
きっかけづくりのプログラムだったようにも思います。

　心を開いてみることは、誰にも許されている。もうすべてが終わった、手
遅れだと思っているときには、自分のいちばん奥にある声を聴くことに憶病
になっているだけ。それでもなお愛して生きる意味は、外に問うのでなく、
自分の内側に向けて問わなければ見えてこない。逆に言えば、その問いの時
間は、死の間際まで誰にもたっぷりあるのです。そう思える教室の中には、
いつも、それまで味わったことのない静かな喜びがありました。

　この生きがたい時代に、日本では前例がない絆プログラムに理論的意味づ
けを与えてくださった、元美祢社会復帰促進センター長、現法務省札幌矯正
管区長の中島学氏に深く感謝しております。
　また、絆プログラム開始当初より、常に理解とご支援をいただいてきた小
学館集英社プロダクション、美祢社会復帰促進センターの全スタッフの方々、
とりわけ、絆プログラム立ち上げからご尽力くださった勝田浩章さん、故・
平嶋祐介さん、効果検証に力を注いでくださった周布恭子さん、教室での最
高の伴走者・谷本麻利江さんに、心よりお礼申し上げます。
　そして、執筆途上で、相談に乗ってくださった村岡ゆりあさん、坂口芽生
さん、ありがとうございました。

　　壁の向こうに、
　　　　誰もが希望を語れる日が来ることを信じて　　　　村中李衣

執筆者プロフィール

村中李衣 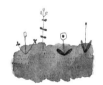 むらなか・りえ

ノートルダム清心女子大学児童学科教授。慶應義塾大学医学部病院管理学教室にて読書療法の研究に着手。その後 0歳から 100歳まで、いろいろな場所でさまざまな人との絵本の読みあいを行いながら、児童文学や絵本の創作を続ける。「長期入院児のための絵本の読みあい: 支援プログラムの実際とこれから」（西隆太朗と共著）で絵本学会第 1回日本絵本研究賞受賞。

『小さいベッド』（かみやしん 絵、偕成社、1984年）でサンケイ児童出版文化賞

『おねいちゃん』（中村悦子 絵、理論社、1989年）で野間児童文芸賞

『チャーシューの月』（佐藤真紀子 絵、小峰書店、2012年）で日本児童文学者協会賞

『あららのはたけ』（石川えりこ 絵、偕成社、2019年）で坪田譲治文学賞

『こくん』（石川えりこ 絵、童心社、2019年）は、IBBYバリアフリー児童図書に選定される。

エッセイに『こころのほつれ、なおし屋さん。』（クレヨンハウス、2004 年）

『哀しみを得る 看取りの生き方レッスン』（かもがわ出版、2017年）など

絵本の読みあいに関する著書

『子どもと絵本を読みあう』2002年、『お年寄りと絵本を読みあう』2002年、『絵本の読みあいからみえてくるもの』2005年（いずれもぶどう社）の三部作『保育をゆたかに 絵本でコミュニケーション』（かもがわ出版、2018年）など

中島 学  なかじま・まなぶ

元法務省札幌矯正管区長、龍谷大学矯正・保護総合センター嘱託研究員。
九州大学大学院 法学府法政理論専攻 博士後期課程 単位取得退学 博士（法学）。
1988年法務省入省。美祢社会復帰促進センターの立ち上げには更生支援企画官
として参画。その後、赤城少年院長、高松矯正管区第三部長、広島矯正管区第
三部長、矯正研修所副所長、美祢社会復帰促進センター長、福岡少年院長など
を歴任。
刑事政策・犯罪学・司法福祉領域において、刑務所や少年院といった矯正施設
に関する歴史研究や処遇論、犯罪や非行に陥った人たちの立ち直り支援のあり
方等を主な研究領域としている。また、NPO法人「食べて語ろう会」顧問とし
て「非行」少年等への食事支援や居場所づくり等の活動にも参画するなど、社
会における具体的な支援実践、とりわけ矯正施設から家族等への帰住が困難な
方々への支援体制の構築等にも積極的に関わっている。

主な論文
「『少年矯正』の新たな展開 ── 矯正モデルから立ち直りの自己物語モデルへ」
　　日本犯罪社会学会編『犯罪社会学研究』第 44 号、現代人文社、2019 年
「『性格の矯正』から『社会との共生』へ ── 少年院の視点から」
　　葛野尋之他編著『少年法適用年齢引下げ・総批判』現代人文社、2020 年
「『矯正施設』から社会へ ── 立ち直り支援のための施設内処遇のあり方」
　　後藤・安田記念東京都市研究所『都市問題』第 112 巻第 2 号、2021 年
「矯正実務からみた自由刑・施設内処遇改革の意義と課題」
　　『法律時報』93 巻 4 号通巻 1162 号、日本評論社、2021 年
「改正少年法と矯正の今後 ── 少年矯正の変質」
　　『法律時報』94 巻 2 号通巻 1173 号、日本評論社、2022 年

●美祢社会復帰促進センター

2007年、山口県美祢市に、日本で初めてのPFI手法を活用した官民協働の刑務所として運用を開始。建設・整備や運営の一部は委託され、民間事業者のアイディアやノウハウを活用しつつ、国と民間の職員が協力して刑務所を運営。より効果的な新たな矯正処遇を行い、受刑者の更生、再犯防止を図る。

また、ハイテク技術を取り入れ、コンクリート塀や鉄格子のない刑事施設として一般社会と近い環境で生活をすることを確保し、早期社会復帰をめざす。

●(株)小学館集英社プロダクション

美祢社会復帰促進センターを筆頭に、現在、五つの刑事施設内で、教育事務支援や分類事務支援、職業訓練業務を国より委託され運営。「刑務所は社会の縮図」との考えのもと、現代社会で必要とされるさまざまなコンテンツを企画開発。

「絆プログラム」は、村中李衣 との共同開発。

協力：美祢社会復帰促進センター
　　　（株）小学館集英社プロダクション

★本書制作にあたり、書影掲載許諾など、
　お力添えくださった出版社のみなさまに、お礼申し上げます。

● イラスト　　　　　　　すがわらけいこ
● カバー・本文デザイン　コダシマアコ
● 記録整理　　　　　　　伊藤泰子・山部絹子
● 編集協力　　　　　　　山田純子

女性受刑者とわが子をつなぐ
絵本の読みあい

2021年6月30日　第1刷発行
2022年6月23日　第2刷発行

編著者　村中李衣
著　者　中島 学

発行者　竹村正治
発行所　株式会社　かもがわ出版
　　　　〒602-8119　京都市上京区堀川通出水西入
　　　　TEL 075-432-2868　　FAX 075-432-2869
　　　　振替　01010-5-12436
　　　　ホームページ http://www.kamogawa.co.jp/
印刷所　シナノ書籍印刷株式会社

ISBN 978-4-7803-1162-4 C0036